Literatur für Deutsch

Ulrich Häussermann
Germana D'Alessio
Christiane C. Günther
Diethelm Kaminski

Verlag Moritz Diesterweg

Österreichischer Bundesverlag

Verlag Sauerländer

M. MacPherson, 9/87

Literaturkurs Deutsch

Der Einband zeigt eine Gouache von Konstantin A. Somow, entstanden 1912. Somow gehört zu der künstlerischen Protestbewegung *Mir Iskustwa*, die sich um die Jahrhundertwende in St. Petersburg formierte. *Mir Iskustwa* („Welt der Kunst'') ist die russisch-finnische Entsprechung zu den westlichen Bewegungen Jugendstil und *Art Nouveau*, deren gemeinsames Ziel in der übergreifenden Erneuerung von Malerei, Literatur, Musik, Ballett, Theater bestand. Häufig stand das Theater im Mittelpunkt; unser Bild ist wahrscheinlich ein Bühnenbildentwurf. Weitere Namen, die der *Mir Iskustwa* verpflichtet sind: der Komponist Igor Strawinsky, der Regisseur Serge Diaghilew, der Tänzer Waslaw Nijinsky, der Maler Wassily Kandinsky.

CIP-Kurztitelaufnahme der Deutschen Bibliothek

Sprachkurs Deutsch: Unterrichtswerk für Erwachsene.
- Frankfurt am Main: Diesterweg; Wien: Österreichischer Bundesverlag; Aarau: Sauerländer
  Teilw. mitverf. von Ulrich Häussermann . . . unter Mitarbeit von Ralf Baltzer . . .
  Früher u. d. T.: Häussermann, Ulrich: Sprachkurs Deutsch
NE: Häussermann, Ulrich [Mitverf.]
Literaturkurs Deutsch/Ulrich Häussermann . . . 1. Aufl. – 1987
    ISBN 3-425-06107-0   (Diesterweg)
    ISBN 3-215-06769-2   (Österr. Bundesverlag)
    ISBN 3-7941-2838-9   (Sauerländer)

	Bestellnummer	ISBN
Diesterweg	6107	3-425-06107-0
Österr. Bundesverlag	67692	3-215-06769-2
Sauerländer	6107	3-7941-2838-9

1. Auflage 1987

Satz und Druck: Oscar Brandstetter Druckerei GmbH & Co. KG, Wiesbaden
Bindearbeiten: WIB, Wiesbaden

Vorwort

Liebe Studentin, lieber Student,

dieses Buch lädt Sie ein zu einer Reise durch die deutschsprachige Literatur. Bitte wählen Sie, wie Sie reisen wollen. Sie können die Landkarte aufrollen, einen einzigen Ort aussuchen, eine Epoche, ein Kapitel – und da bleiben und es sorgfältig studieren. Sie können im bequemen Cabriolet von Café zu Café reisen und mit dem oder jenem Autor, mit Herrn Heine, Herrn Brecht oder Frau Bachmann ein paar Stunden diskutieren. Sie können in riesigen Sprüngen über das Gebirge hüpfen wie ein Floh und nur an wenigen Quellen trinken. Sie können zu Fuß das ganze Land erobern, den Weg durch die Geschichte Schritt für Schritt gehen, und Sie werden viel Genuß dabei haben.

Aber bitte tun Sie eins nicht: nehmen Sie unser Buch nicht als ein Pflichtbuch. Unser Buch will kein Mörder sein, der Ihre Lust und Phantasie totschlägt. Es will eine Einladung sein, eine (hoffentlich charmante) Bedienung. Wir wollen Ihnen Getränke bringen, kühle und heiße, wir wollen Fenster öffnen, Lichter anzünden, Fragen stellen, Nachdenken und Freude auslösen.

Die deutschsprachige Literatur ist ein Organismus, das Verbindende ist sehr viel stärker als das Trennende. Sie finden also Beispiele aus der österreichischen, schweizerischen und deutschen Literatur, aus der Literatur der Bundesrepublik und aus der Literatur der DDR. Unser Buch ist historisch aufgebaut, es beginnt mit den *Fabeln* von Lessing (1759) und schließt mit Christa Wolfs *Kassandra* (1983). Aber Sie müssen sich überhaupt nicht an diese Reihenfolge halten. Eine kurze Notiz (am Anfang jedes „Kurses") gibt Auskunft über Leben und Werk der Autoren. Wenn Sie sich genauer informieren wollen, finden Sie in unserem *Sprachkurs Deutsch 5* einen Überblick über die deutschsprachige Literatur von Lessing bis heute unter dem Titel *Das literarische Stichwort*. Dieser etwas ausführlichere Überblick ist genau wie unser Literaturkurs in 14 Kapitel eingeteilt: Aufklärung, Klassik, Romantik usw.

Vielleicht vermissen Sie die vielen kleinen Erklärungen, an die Sie in Schulbüchern gewöhnt sind, Erklärungen von Wörtern, Fakten, Namen usw. Wir erklären nur die nötigsten Details, das ist Absicht. Wir wollen Ihren Blick auf das Ganze lenken. Wichtig ist, daß Sie die Atmosphäre aufnehmen, die ein Text bringt, daß Sie ganz persönlich mitempfinden, mitleben, vielleicht sogar mitdichten können.

Gute Texte sind, wie die Noten einer Musik, unfertig. Der Leser macht sie lebendig. Im Gespräch mit dem Leser bekommt der Text erst seine Bedeutung. Wie Sie sich mit dem Text (und seinem Autor) unterhalten können, dazu haben wir Ihnen ein paar Hilfen gegeben. Aber Sie müssen unsere Hilfen nicht benützen. Fühlen Sie sich frei und holen Sie aus dem Text die Bedeutung, die er für Sie hat.

Sie sehen: dieses Buch braucht Ihr Engagement, Ihre Mitarbeit. Steigen Sie ein in unser Boot, die Reise wird Ihnen Spaß machen. Das ganze Leben ist unser Thema, wie unser Titelbild zeigt: Narren und Liebende, Licht, Sterne, Nacht, Tod und Leben – nichts ist ausgesperrt.

Schwierigkeitsgrad A = ab obere Grundstufe (nach oben unbegrenzt einsetzbar)
Schwierigkeitsgrad B = ab mittlere Mittelstufe (nach oben unbegrenzt einsetzbar)
Schwierigkeitsgrad C = ab obere Mittelstufe

Sprachkurs Deutsch

Übersicht

Anfangsstufe

Lehrbuch – Teil 1	(MD 6111)
Lehrbuch – Teil 2	(MD 6112)
Teil 1/2 Kurzfassung	(MD 6106)
Glossare: Deutsch-Arabisch 1	(MD 6151)
Deutsch-Arabisch 2	(MD 6152)
Deutsch-Chinesisch 1	(MD 6153)
Deutsch-Chinesisch 2	(MD 6154)
Deutsch-Englisch 1	(MD 6114)
Deutsch-Englisch 2	(MD 6115)
Deutsch-Französisch 1	(MD 6134)
Deutsch-Französisch 2	(MD 6135)
Deutsch-Griechisch 1	(MD 6141)
Deutsch-Griechisch 2	(MD 6142)
Deutsch-Italienisch 1	(MD 6147)
Deutsch-Italienisch 2	(MD 6148)
Deutsch-Japanisch 1	(MD 6137)
Deutsch-Japanisch 2	(MD 6138)
Deutsch-Spanisch 1	(MD 6144)
Deutsch-Spanisch 2	(MD 6145)
Deutsch-Türkisch 1	(MD 6131)
Deutsch-Türkisch 2	(MD 6132)
Diaserie zu Teil 1	(MD 6124)
Diaserie zu Teil 2	(MD 6125)
Tonmaterialien: Tonbänder 1	(MD 6121)
Tonbänder 2	(MD 6122)
Cassetten 1	(MD 6127)
	(MD 6128)
Hinweise für Kursleiter	
zu Teil 1 u. 2	(MD 6117)

Aufbaustufe

Lehrbuch – Teil 3	(MD 6113)
Lehrbuch – Teil 4	(MD 6104)
Glossare: Deutsch-Englisch	(MD 6116)
Deutsch-Französisch	(MD 6136)
Deutsch-Griechisch	(MD 6143)
Deutsch-Italienisch	(MD 6149)
Deutsch-Japanisch	(MD 6139)
Deutsch-Spanisch	(MD 6146)
Deutsch-Türkisch	(MD 6133)
Diaserie	(MD 6126)
Tonmaterialien: Tonbänder	(MD 6123)
Cassetten 3	(MD 6129)
Cassetten 4	(MD 6130)
Lehrerheft zu Teil 3 und 4	(MD 6119)

Mittelstufe

Lehrbuch – Teil 5	(MD 6105)
Literaturkurs	(MD 6107)
Diaserie	(MD 6110)
Tonmaterialien: Tonbänder 5	(MD 6140)
Cassetten 5	(MD 6150)
Cassette L	(MD 6108)
Lehrerheft zu Teil 5 und zum Literaturkurs	(MD 6120)

Inhalt

1	**1. Kurs: Aufklärung**	
2	Fünf Fabeln *(h)*	A
	Lessing, Bogner, Schnurre	
4	Das wirkliche Gold *(h)*	C
	Lessing: Nathan der Weise	
6	**2. Kurs: Klassik**	
8	Zirkus *(h)*	B
	Goethe: Wilhelm Meisters Lehrjahre	
10	Aus alten Märchen winkt es *(k)*	B
	Schiller, Heine: Zwei Gedichte	
12	Freiheit *(h)*	C
	Schiller: Wilhelm Tell	
15	Das Schloß *(d)*	C
	Kleist: Das Bettelweib von Locarno	
19	**3. Kurs: Romantik**	
21	Die Höhle *(h)*	B
	Novalis: Heinrich von Ofterdingen	
24	Die Schriftstellerin *(d)*	C
	Günderrode: Vier Texte	
27	Zwielicht *(h)*	B
	Eichendorff: Zwielicht	
28	Ein Sohn geht fort . . . *(k)*	A
	Eichendorff: Aus dem Leben eines Taugenichts	
	Stifter: Das alte Siegel	
34	Schnee *(h)*	B
	Mörike: Jägerlied	
36	**4. Kurs: Wiener Komödie**	
37	Ketten *(h)*	C
	Nestroy: Freiheit in Krähwinkel	
38	**5. Kurs: Literatur und Sozialismus**	
39	Tinte *(h/g)*	C
	Büchner: Leonce und Lena	
40	Haifische *(h)*	B
	Heine: Französische Zustände	
42	Unter Tage *(h)*	B
	Heine: Englische Fragmente	
	Weerth: Die Not	
44	**6. Kurs: Die großen Erzähler**	
45	Der treue Knecht *(h)*	B
	Gotthelf: Leiden und Freuden eines Schulmeisters	
46	Drei Liebesgeschichten *(h)*	B
	Clauren Keller Ewers	
49	Das Reibeisen *(h)*	C
	Fontane: Frau Jenny Treibel	
51	**7. Kurs: Augenblicke, Einblicke, Durchblicke**	
53	Herbst *(h)*	B
	Tucholsky, Brecht, Hölderlin, Nietzsche: Vier Texte	
55	Unter den Brückenbögen *(h)*	C
	Rilke: Malte Laurids Brigge	
	Hofmannsthal: Manche freilich . . .	
56	Kindheit *(k)*	A
	Rilke, Heine: Zwei Gedichte	
59	Die Lösung *(d)*	A
	Hesse: Kurzgefaßter Lebenslauf	
60	Traum *(g)*	C
	Hesse: Singapore-Traum	
64	**8. Kurs: Wandlungen im Bewußtsein**	
65	Die Tür *(d)*	B
	Kafka: Der Prozeß	
68	Blutiger Sabbat *(h)*	C
	Joseph Roth: Radetzkymarsch	
70	Die Letzten *(h)*	C
	Thomas Mann: Felix Krull	
71	**9. Kurs: Kritik**	
72	Eine Information *(d)*	C
	Karl Kraus: Aus ,,Die Fackel''	
73	Der Mensch *(d)*	C
	Tucholsky: Der Mensch	
76	**10. Kurs: Bühne des Umdenkens**	
77	Geschenke *(h)*	C
	Ringelnatz, Brecht: Zwei Texte	
78	Sein oder Gutsein *(h)*	B
	Brecht: Der gute Mensch von Sezuan	

V

79   Der Traum vom Fliegen *(k)*   B
Brecht: Der Schneider von Ulm
Sklavenmärchen: Die fliegenden Afrikaner

84   Grabstein *(h)*   C
Horváth: Geschichten aus dem Wiener
Wald

86   Geschichte einer kleinen Liebe *(k)*   B
Horváth: Geschichte einer kleinen Liebe

89   **11. Kurs: „Die Kunst muß sich entscheiden"**

91   In grauer Norm *(k)*   A
Biermann: Soldatenmelodie
Borchert: Lesebuchgeschichten

93   Von dem Fischer und seiner Frau *(k)*   B
Volksmärchen: Von dem Fischer und
seiner Frau
Grass: Der Butt

99   **12. Kurs: „Politische Alphabetisierung Deutschlands"**

100   Lies die Fahrpläne *(h)*   B
Enzensberger: ins lesebuch für die
oberstufe
Grass: Interview

103   Die Erben *(h)*   b
Böll: Gruppenbild mit Dame
Chief Seattle: Rede 1855

105   Frieden *(h)*   B
Hölderlin: Friedensfeier
Hacks: Der Frieden
Frisch: Friedenspreisrede

106   Zwei Berge *(h)*   B
Hacks: Der Schuhu und die fliegende
Prinzessin

108   Ermutigung *(h)*   A
Biermann: Ermutigung

110   **13. Kurs: Grenzgänge**

111   Das Ringelspiel *(h)*   A
Handke: Kindergeschichte

112   Meine Lage wird unhaltbar *(h)*   C
Frisch: Stiller

114   **14. Kurs: „Die Wahrheit ist dem Menschen zumutbar"**

116   Die Geretteten *(h)*   C
Nelly Sachs: Chor der Geretteten
Rose Ausländer: Verwundert

118   Bin unter Wasser *(g)*   C
Ingeborg Bachmann: Undine geht

122   Töten – Sterben – Leben *(g)*   C
Christa Wolf: Kassandra

126   Register der Schriftsteller

Texteinführungen:
d = Germana D'Alessio
g = Christiane C. Günther
h = Ulrich Häussermann
k = Diethelm Kaminski

Die Abschnitte von Germana D'Alessio entstanden in Zusammenarbeit mit Walter Berendt und Waltraud Sattler.
Einige der in diesem Band enthaltenen Texte sind auf einer **Compact-Cassette** lieferbar (Best.-Nr. 6108).
Soweit nicht anders vermerkt, wurden die Texte auf der Cassette von Ralf Baltzer und Marina Köhler gesprochen.

1. Kurs: Aufklärung

Das Wort „Aufklärung" stammt aus der Pädagogik, und viele Autoren der Aufklärungszeit haben pädagogische Hintergedanken hinter dem, was sie sagen. Der Glaube an den Fortschritt der Menschheit ist jung, die Autonomie der Person, erreichbar durch das Benützen der Vernunft, ist oberstes Gut.

Republikanisches Denken, der Gedanke der Toleranz, hohe ethische Maßstäbe werden neu formuliert. Typische literarische Elemente sind die Utopie, die Fabel, die Literaturkritik. Das „Licht der Aufklärung" (von der englischen, französischen, niederländischen Philosophie und Physik ausgehend) hat Deutschland verspätet erreicht. Die führenden Köpfe sind Lessing, Kant und Fichte.

Gotthold Ephraim Lessing (1729-1781). Freier Schriftsteller, Literaturkritiker, Theaterkritiker. 1767-1770 Dramaturg in Hamburg. Ab 1770 Bibliothekar in Wolfenbüttel. *Fabeln* (1759), *Minna von Barnhelm* (1767), *Nathan der Weise* (1779), *Die Erziehung des Menschengeschlechts* (1780). „Unter den Vorkämpfern des deutschen Bürgertums war Lessing nicht der genialste, aber der freieste und wahrhaftigste" (Franz Mehring). „Innerhalb eines Volkes, dessen größte Gefahr der gemachte Charakter ist, war er ein *echter* Charakter" (Hugo von Hofmannsthal). Zu dem hier abgebildeten Porträt (1760) sagte Lessing: „Sehe ich denn so verteufelt freundlich aus?" (Bild Mitte)

Kants kritische Philosophie ist der theoretische Höhepunkt der Aufklärung. Immanuel Kant (1724-1804) lehrte ab 1755 Philosophie an der Universität Königsberg in Ostpreußen (heute Kaliningrad). *Kritik der praktischen Vernunft* (1788), *Zum ewigen Frieden* (1794). Besonders bekannt seine Definition: „Aufklärung ist der Ausgang des Menschen aus seiner selbstverschuldeten Unmündigkeit". Unser Bild: Schattenriß 1798 (links) *Aufklärg ist „ jederzeit selbst zu denken".*

Johann Gottlieb Fichte (1762-1814) lehrte ab 1794 Philosophie an den Universitäten Jena, Erlangen und Berlin. *Wissenschaftslehre* (1794, mehrere Fassungen bis 1813), *Geschlossener Handelsstaat* (1800), *Anweisung zum seligen Leben* (1806). Fichte, Idealist in jedem Sinn des Wortes, ist nur zu verstehen als fanatischer „Bote" einer geistigen Utopie: „Was Fichte mitten durch den Nebel seiner Bourgeoisgesellschaft am Horizont sah, ist auch unser Ziel: das Haus der Menschheit, in dem alle Individuen sittliche Wesen sein können, wo niemand mehr hungrig und dunkel und unwissend oder ziellos umhergeht, ein Haus also, in dem alle Fenster erleuchtet sind" (Ernst Bloch). Karikatur: um 1810 (rechts)

Offenbare mir, was du wahrhaftig liebst, was du mit deinem ganzen Sehnen suchest und anstrebest . . . – und du hast mir dadurch dein Leben gedeutet. Was du liebest, das lebest du . . . Daß vielen Menschen es nicht leicht werden dürfte, auf die vorgelegte Frage zu antworten, indem sie gar nicht wissen, was sie lieben, beweist nur, daß diese eigentlich nichts lieben, und eben darum auch nicht leben, weil sie nicht lieben. FICHTE

Fünf Fabeln

Schwierigkeitsgrad A

Unterhaltung

1 Bitte beschreiben Sie die Bilder.

2 Sammeln Sie (in kleinen Gruppen) alle Tiernamen, die Sie kennen. Tragen Sie dann im Plenum alle Namen zusammen.

3 Löwen brüllen, Pferde wiehern. Welche „Sprachen" sprechen die anderen Tiere?

4 Die Taube ist friedlich, der Elefant hat ein gutes Gedächtnis. Sammeln Sie (in kleinen Gruppen) die „Eigenschaften" der Tiere, von denen die Fabeln, Märchen, Sprichwörter reden.

5 Stimmen die Fabel-Eigenschaften mit den wirklichen Eigenschaften der Tiere überein?

Text

I

Als der Löwe mit dem Esel, der ihm durch seine
fürchterliche Stimme die Tiere sollte jagen helfen,
nach dem Walde ging, rief ihm eine naseweise Krä-
he von dem Baume zu: Ein schöner Gesellschafter!
Schämst du dich nicht, mit einem Esel zu gehen?
– Wen ich brauchen kann, versetzte der Löwe, dem
kann ich ja wohl meine Seite gönnen.   LESSING

„ein schöner Gesellschafter"   – hier ironisch
„dem kann ich meine Seite gönnen" – dem erlaube ich, mich zu
                                        begleiten

Werkstatt

Schreiben Sie die Fabel um, übertragen Sie sie in unsere Zeit. Die Rollen der Tiere haben nun Menschen
der Gegenwart, beschreiben Sie diese Menschen.

Textarbeit

1 Lesen Sie nun die folgenden vier Fabeln in kleinen
  Gruppen: jede Gruppe eine Fabel. Klären Sie die
  Wörter gemeinsam, die Sie zum Verständnis
  brauchen.
2 Erzählen Sie den anderen Gruppen „Ihre" Fabel.
3 Diskutieren Sie, wo die „Pointe", der „springende
  Punkt" der Fabel steckt.

Texte

II

Der rasende Nordwind hatte seine Stärke in einer
stürmischen Nacht an einer erhabenen Eiche be-
wiesen. Nun lag sie gestreckt, und eine Menge
niedriger Sträuche lag unter ihr zerschmettert. Ein
5 Fuchs, der seine Grube nicht weit davon hatte, sah
sie des Morgens darauf. Was für ein Baum! rief er.
Hätte ich doch nimmermehr gedacht, daß er so
groß gewesen wäre!   LESSING

III

Ich Unglücklicher! klagte ein Geizhals seinem
Nachbarn. Man hat mir den Schatz, den ich in mei-
nem Garten vergraben hatte, diese Nacht entwen-
det, und einen verdammten Stein an dessen Stelle
gelegt.   5
Du hättest, antwortete ihm der Nachbar, deinen
Schatz doch nicht genutzt. Bilde dir also ein, der
Stein sei dein Schatz; und du bist nichts ärmer.
                                                      LESSING

IV

Es war einmal eine Maus, die hatte volles Vertrauen
zu der Wirtschaftspolitik ihres Landes und ein
Sparkonto bei der Mäusebau- und Bodenbank. Au-
ßerdem hatte ihre Großmutter – eine Frau, die mit
vier Beinen im Leben gestanden – ihr die alte Weis- 5
heit mit auf den Weg gegeben: „Spare in der Zeit, so
hast du nach dem Tod!"

Einmal folgte einem verregneten Sommer ein lan-
ger, strenger Winter; die ältesten Mäuse erinnerten
sich nicht, jemals einen solch strengen Winter er- 10
lebt zu haben (die ältesten Mäuse sind so furchtbar
alt nun auch wieder nicht, dafür aber sehr vergeß-
lich). Die Vorräte waren bald aufgezehrt, über die
Mäusetiere brach eine schreckliche Hungersnot
herein und viele kamen um.   15

Doch: in der Not frißt halt die Maus Papier auch
ohne Butterbrot! Und als sie eben den allerletzten
Schnippel des Sparbuchs verdaut hatte – da hielt
der Lenz seinen Einzug mit warmen Sonnenstrah-
len und grünen Grasspitzen, und Mäusenahrung   20
lag auf allen Straßen. Die kluge Maus aber war in
weitem Umkreis die einzige, die diesen Winter
überlebt hatte.
Wer spart, hat in der Not auch was zu knabbern.
                                          FRANZ JOSEF BOGNER

V

Eine Kaulquappe hatte einen Weißfisch geheiratet. Als ihr Beine wuchsen und sie ein Frosch zu werden begann, sagte sie eines Morgens zu ihm: „Martha, ich werde jetzt bald einer Berufung aufs Fest-
5 land nachkommen müssen; es wird angebracht sein, daß du dich beizeiten daran gewöhnst, auf dem Lande zu leben." „Aber um Himmels willen!" rief der Weißfisch verstört, „bedenke doch, Lieber: meine Flossen! Die Kiemen!" Die Kaulquappe sah
10 seufzend zur Decke empor. „Liebst du mich, oder liebst du mich nicht?"

WOLFDIETRICH SCHNURRE

Unterhaltung

1 Versuchen Sie, den Inhalt der Fabeln in Form einer Regel zu formulieren, zum Beispiel „Eine Illusion kann Leben retten" oder „Auf die Perspektive kommt's an" oder „Der Glaube ist der beste Schutz".
2 Vergleichen Sie Ihre abstrakten Sätze mit den Fabeln. Was ist der Unterschied?
3 Definieren Sie nun, was eine Fabel ist.

Werkstatt

Schreiben Sie (in kleinen Gruppen oder allein) eine Fabel und zeichnen Sie möglichst ein Bild dazu. Erklären Sie im Plenum Ihr Bild, erzählen Sie Ihre Fabel. Eine Jury wählt die besten Fabeln aus.

Lessings Fabeln entstanden 1757–1759. Quellen für die beiden anderen Fabeln: Franz Josef Bogner: Die Maus mit dem Sparbuch. Fabeln. Bern: Zytglogge Verlag 1972. Wolfdietrich Schnurre: Protest im Parterre. München: Langen-Müller 1957. S. 55

Das wirkliche Gold

Schwierigkeitsgrad C

Text

NATHAN: Vor grauen Jahren lebt' ein Mann in Osten,
Der einen Ring von unschätzbarem Wert
Aus lieber Hand besaß.
. . . So kam nun dieser Ring, von Sohn zu Sohn,
Auf einen Vater endlich von drei Söhnen;   5
Die alle drei ihm gleich gehorsam waren,
Die alle drei er folglich gleich zu lieben
Sich nicht entbrechen konnte. Allein
Es kam zum Sterben, und der gute Vater
Kömmt in Verlegenheit. Es schmerzt ihn, zwei   10
Von seinen Söhnen, die sich auf sein Wort
Verlassen, so zu kränken. – Was zu tun? –
Er sendet in geheim zu einem Künstler,
Bei dem er, nach dem Muster seines Ringes,
Zwei andere bestellt, und weder Kosten   15
Noch Mühe sparen heißt, sie jenem gleich,
Vollkommen gleich zu machen. Das gelingt
Dem Künstler. Da er ihm die Ringe bringt,
Kann selbst der Vater seinen Musterring
Nicht unterscheiden. Froh und freudig ruft   20
Er seine Söhne, jeden insbesondre;
Gibt jedem insbesondre seinen Segen, –
Und seinen Ring, – und stirbt. – Du hörst doch,
Sultan?

SALADIN (der sich betroffen von ihm gewandt):   25
Ich hör', ich höre! – Komm mit deinem Märchen
Nur bald zu Ende. – Wird's?

NATHAN: Ich bin zu Ende.
Denn was noch folgt, versteht sich ja von selbst. –
Kaum war der Vater tot, so kömmt ein jeder   30
Mit seinem Ring, und jeder will der Fürst
Des Hauses sein. Man untersucht, man zankt,
Man klagt. Umsonst; der rechte Ring war nicht
Erweislich; –
(nach einer Pause, in welcher er des Sultans Antwort 35
erwartet)

jetzt

Fast so unerweislich, als
Uns itzt – der rechte Glaube.
. . . Möglich; daß der Vater nun
40 Die Tyrannei des einen Rings nicht länger
In seinem Hause dulden wollen! – Und gewiß;
Daß er euch alle drei geliebt, und gleich
Geliebt: indem er zwei nicht drücken mögen,
Um einen zu begünstigen. – Wohlan!
45 Es eifre jeder seiner unbestochenen
Von Vorurteilen freien Liebe nach!
Es strebe von euch jeder um die Wette,
Die Kraft des Steins in seinem Ring an Tag
Zu legen! komme dieser Kraft mit Sanftmut,
50 Mit herzlicher Verträglichkeit, mit Wohltun,
Mit innigster Ergebenheit in Gott
Zu Hilf!

GOTTHOLD EPHRAIM LESSING (1779)

Aus dem Drama *Nathan der Weise*, 3. Aufzug, 7. Auftritt

Zeile 7/8: die er gleich zu lieben sich nicht entbrechen konnte (altertümliches Deutsch) = die er gleich liebte, er konnte es nicht ändern
Zeile 31: zanken = streiten
Zeile 33: erweislich = beweisbar, klar zu zeigen
Zeile 43: einen begünstigen = einen favorisieren, einen besser behandeln als die anderen
Zeile 44: unbestochen = ohne Einfluß von außen
Zeile 46: etwas um die Wette tun = etwas tun und sehen, wer es am besten kann
Zeile 49: die Verträglichkeit = die Bereitschaft, alle Probleme friedlich zu lösen

Unterhaltung

1 Wie heißt – in wenigen Worten – die Theorie, die Lessing hier vorträgt?

2 Und wie heißt die Aufforderung, die daraus folgt?

3 Stimmen Sie Lessing zu oder würden Sie seine Lehre variieren?

Ein und derselbe Mond spiegelt sich
In allen Wassern.
Alle Monde im Wasser
Sind eins in dem einen Mond.

JOKA (JAPANISCHER ZEN-MÖNCH), UM 700

Es gibt nur eine Religion, sie erfüllt alle Kirchen, Tempel und Gebete.

NICOLAUS VON CUES, 1433

Je weiter ihr fortschreitet in der Religion, desto mehr muß euch die ganze religiöse Welt als ein unteilbares Ganzes erscheinen.

FRIEDRICH SCHLEIERMACHER, 1799

Die Religion gleicht einem Boot, das man benutzt, um über den Strom zu gelangen. Wenn es diesen Dienst getan hat, ist es nicht mehr nötig.

BUDDHISTISCHE ÜBERLIEFERUNG (MAJJHIMANIKAYA)

Werkstatt

Die Ringparabel läßt sich sehr leicht spielen. Überlegen Sie, wer die einzelnen Rollen übernehmen sollte, skizzieren Sie den Ablauf (aber nicht zu genau) und spielen Sie dann drauflos:

1. Szene: Monolog des Vaters
2. Szene: Erstes Gespräch mit dem Goldschmied
3. Szene: Zweites Gespräch mit dem Goldschmied (der Ring ist fertig)
4. Szene: Gespräch mit dem ersten Sohn
5. Szene: Gespräch mit dem zweiten Sohn
6. Szene: Gespräch mit dem dritten Sohn
7. Szene: Streit der Söhne und ihrer Frauen
8. Szene: Allgemeine Versöhnung

etzer = „ein Mensch, der mit eig. Augen sehen will".

Islam — der islamische
Christentum — christliche } Glaube
Judentum — jüdische

2. Kurs: Klassik

Goethe: Römische Villa im Mondschein. Bleistift, Kreide. Wohl 1786

Goethe

Das Wort „Klassik" steht hier für „Blütezeit". Die Hoch-Zeit der deutschen Dichtung und Philosophie setzt 1777 ein mit Goethes Entwurf zum *Wilhelm Meister*. Später überschneidet sich die Klassik zeitlich mit der Romantik.

Die Definition dessen, was für deutsche Begriffe klassisch ist, gab der Kunsthistoriker Johann Joachim Winckelmann mit seinem bekannten Wort von der „edlen Einfalt und stillen Größe" (1755). Die klassischen Normen der Logik, Geschlossenheit, Symmetrie und Schönheit sind aber eher äußerlich. Wichtiger ist es, den Enthusiasmus zu verstehen, der die Träger der deutschen Klassik leitete: das begeisterte Suchen und Kämpfen um die Klarheit der Aussage, um Gerechtigkeit im eigenen Leben und um geistige und äußere Freiheit.

Wer Klassik sagt, denkt zunächst an die Weimarer Klassik (Goethe und Schiller). In die klassische Sphäre gehören aber auch Hegel, Hölderlin und Kleist.

Johann Wolfgang Goethe (1749–1832), Maler, Naturwissenschaftler, Philosoph, Lyriker, Dramatiker und Erzähler, dachte und schrieb immer konkret, schrieb einen hochpoetischen und immer einfachen, durchsichtigen Stil. Theaterstücke: *Götz von Berlichingen* (1771), *Faust I* (1773–1806), *Egmont* (1775–88), *Iphigenie* (1779–86), *Faust II* (1800–1831). Romane: *Die Leiden des jungen Werthers* (1774), *Wilhelm Meister* (1777–1829), *Die Wahlverwandtschaften* (1809). Autobiographisches: *Dichtung und Wahrheit* (1811–1830), *Italienische Reise* (1816–1832). Wissenschaftliches: mineralogische Studien (ab 1780); Vorträge über Anatomie (1781–82), *Die Metamorphose der Pflanzen* (1790), *Farbenlehre* (1790–1810). „Er ist wie andere Große Orientierung für uns . . . wie eine Vertretung des Menschseins, ohne doch der Weg für uns zu werden" (Karl Jaspers). „Goethe, nicht nur ein guter und großer Mensch, sondern eine Kultur – Goethe ist in der Geschichte der Deutschen ein Zwischenfall ohne Folgen" (Nietzsche). Das Porträt entstand 1787.

Friedrich Schiller (1759–1805), Historiker, Philosoph, Lyriker und der erfolgreichste deutsche Theaterdichter, arbeitet nur mit starkem ethischem und politischem Engagement, schreibt eine glänzend-pathetische, „hohe" Bühnensprache. Theaterstücke: *Die Räuber* (1771), *Don Carlos* (1787), *Wallenstein* (1800), *Maria Stuart* (1801), *Wilhelm Tell* (1804). Historisches: *Abfall der Niederlande* (1788), *Geschichte des Dreißigjährigen Krieges* (1791). Ein „genialer Regisseur, der das Szenenbild und die Darsteller nie aus dem Auge verliert . . . Sogar in seinen Prosaschriften bleibt er Theatermensch, auch hier denkt er

Kleist

Schiller

Hegel

mehr an den Hörer als an den Leser'' (Friedell) . „Sein Werk . . . ist ein vorgelebtes Leben'' (Rudolf Borchardt). Bild: Schiller in Jena. Silhouette um 1795.

Georg Wilhelm Friedrich Hegel (1770–1831), der wichtigste deutsche Philosoph, schrieb einen schwierigen, trockenen Stil, in den Schriften der frühen und mittleren Epoche theologisch-kontemplativ orientiert; das Spätwerk ist eine Theorie des Rechtsstaats. „Ich habe nämlich noch keinen Menschen ohne Humor getroffen, der die Dialektik des Hegel verstanden hat'' (Bertolt Brecht). Hegel lehrte Philosophie in Jena, Heidelberg und Berlin. *Phänomenologie des Geistes* (1807). *Wissenschaft der Logik* (1812–16). Aus der Hegel-Schule stammen Marx, Engels, Bakunin, Lenin, Kierkegaard. – Die Zeichnung stammt von dem romantischen Maler Ludwig Hensel und entstand 1829.

Friedrich Hölderlin (1770–1843). *Hyperion* (Roman. 1794–99). *Der Tod des Empedokles* (Drama. 1788–1800). *Friedensfeier, Der Einzige, Patmos* (1801–04). *Nachtgesänge* (1804). *Andenken, Der Ister, Mnemosyne* (1806). „. . . so zauberhaft gebaut, als hätte sie kein Mensch, sondern die Sprache selbst erschaffen. Sprachkristalle, ein Funkeln von Worten, ein Glanz, der bis in das Innerste hinein die Schönheit

der Sprache durchsichtig werden läßt . . . Bis heute ist nichts Ähnliches in deutscher Sprache wieder erstanden'' (Johannes R. Becher) . Texte von Hölderlin finden Sie Seite 53 und 105.

Heinrich von Kleist (1777–1811). „. . . ein Dramatiker sondergleichen . . . radikal in der Hingabe an seine exzentrischen Stoffe, bis zur Tollheit, bis zur Hysterie'' (Thomas Mann). Die Bedeutung seiner Dramatik wurde erst in unserem Jahrhundert entdeckt. *Der zerbrochene Krug* (1803), *Amphitryon* (1807), *Prinz Friedrich von Homburg* (1810). *Michael Kohlhaas*

> Nicht das Leben, das sich vor dem Tode scheut und von der Verwüstung rein bewahrt, sondern das ihn erträgt und in ihm sich erhält, ist das Leben des Geistes.
>
> Ich muß mit Verstand lieben; unverständige Liebe wird dem andern schaden, vielleicht mehr als Haß.
>
> Der Geist gewinnt seine Wahrheit nur, indem er in der absoluten Zerrissenheit sich selbst findet.
>
> HEGEL

Zirkus 👓

Schwierigkeitsgrad B

Unterhaltung

1 Beschreiben Sie bitte (in kleinen Gruppen?) genau die abgebildeten Kunststücke.

2 Zählen Sie auf, was man in einem Zirkus sonst noch alles sehen kann.

3 Hier ein paar Worte über die Geschichte des Seiltanzes:

> Der Seiltanz, die erste artistische Arbeit in der Luft, hatte – wahrscheinlich in China zuerst erprobt – eine alte Tradition. Er kam über Rom nach Frankreich und Deutschland, wo er seit dem Mittelalter eine der Hauptattraktionen der Jahrmärkte wurde. Die Seilläufer oder Seiltänzer traten entweder in Schaubuden oder im Freien auf, wo sie ihr Seil meist zwischen Kirchturm- und Rathausspitze spannten (daher auch „Turmseilläufer''), oder in freier Landschaft.

4 Definieren Sie die folgenden Wörter: Kunsthändler, Kunststoff, Kunststück, Kunstaustellung, Kunstgriff, Kunsthandwerk, künstlich, künstlerisch, Kunstmaler.

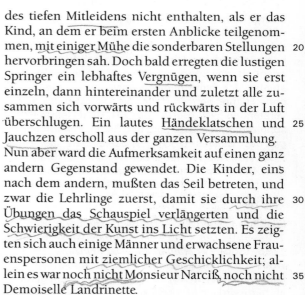

Text 👓

Philine lud beide Begleiter zu sich in ihre Wohnung, weil man, wie sie sagte, aus ihren Fenstern das öffentliche Schauspiel besser als im andern Wirtshause sehen könne.

5 Als sie ankamen, fanden sie das Gerüst aufgeschlagen und den Hintergrund mit aufgehängten Teppichen verziert. Die Schwungbretter waren schon gelegt, das Schlappseil an die Pfosten befestigt und das straffe Seil über die Böcke gezogen. Der Platz

10 war ziemlich mit Volk gefüllt und die Fenster mit Zuschauern einiger Art besetzt.

Pagliaß bereitete erst die Versammlung mit einigen Albernheiten, worüber die Zuschauer immer zu lachen pflegen, zur Aufmerksamkeit und guten Laune

15 vor. Einige Kinder, deren Körper die seltsamsten Verrenkungen darstellten, erregten bald Verwunderung, bald Grausen, und Wilhelm konnte sich des tiefen Mitleidens nicht enthalten, als er das Kind, an dem er beim ersten Anblicke teilgenom-

20 men, mit einiger Mühe die sonderbaren Stellungen hervorbringen sah. Doch bald erregten die lustigen Springer ein lebhaftes Vergnügen, wenn sie erst einzeln, dann hintereinander und zuletzt alle zusammen sich vorwärts und rückwärts in der Luft überschlugen. Ein lautes Händeklatschen und

25 Jauchzen erscholl aus der ganzen Versammlung.

Nun aber ward die Aufmerksamkeit auf einen ganz andern Gegenstand gewendet. Die Kinder, eins nach dem andern, mußten das Seil betreten, und zwar die Lehrlinge zuerst, damit sie durch ihre

30 Übungen das Schauspiel verlängerten und die Schwierigkeit der Kunst ins Licht setzten. Es zeigten sich auch einige Männer und erwachsene Frauenspersonen mit ziemlicher Geschicklichkeit; allein es war noch nicht Monsieur Narciß, noch nicht

35 Demoiselle Landrinette.

Endlich traten auch diese aus einer Art von Zelt hinter aufgespannten roten Vorhängen hervor und

erfüllten durch ihre angenehme Gestalt und zierli-
40 chen Putz die bisher glücklich genährte Hoffnung
der Zuschauer. *Er* ein munteres Bürschchen von
mittlerer Größe, schwarzen Augen und einem starken Haarzopf, *sie* nicht minder wohl und kräftig ge-
bildet; beide zeigten sich nacheinander auf dem
45 Seile mit leichten Bewegungen, Sprüngen und seltsamen Posituren. Ihre Leichtigkeit, seine Verwegenheit, die Genauigkeit, womit beide ihre Kunststücke ausführten, erhöhten mit jedem Schritt und
Sprung das allgemeine Vergnügen. Der Anstand,
50 womit sie sich betrugen, die anscheinenden Bemü-
hungen der andern um sie gaben ihnen das An-
sehn, als wenn sie Herrn und Meister der ganzen
Truppe wären, und jedermann hielt sie des Ranges
wert.
55 Die Begeisterung des Volks teilte sich den Zuschauern an den Fenstern mit, die Damen sahen unver-
wandt nach Narcissen, die Herren nach Landrinet-
ten. Das Volk jauchzte, und das feinere Publikum
enthielt sich nicht des Klatschens; kaum daß man
60 noch über Pagliassen lachte. Wenige nur schlichen
sich weg, als einige von der Truppe, um Geld zu
sammeln, sich mit zinnernen Tellern durch die
Menge drängten.
65 Sie haben ihre Sache, dünkt mich, gut gemacht,
sagte Wilhelm zu Philinen, die bei ihm am Fenster
lag.

GOETHE

(Aus dem Roman *Wilhelm Meisters Lehrjahre*, 2. Buch,
4. Kapitel)

Zeile 5:	das Gerüst – Hilfskonstruktion aus Holz
Zeile 9:	der Bock – Holzgerät
Zeile 13:	Albernheiten, hier: lustige Späße
Zeile 16:	die Verrenkung – komplizierte Körperbewegung
Zeile 17:	das Grausen – Erschrecken
Zeile 26:	jauchzen – jubeln, hell schreien
Zeile 34:	die Geschicklichkeit – das Können
Zeile 40:	der Putz – Kleider in bunten Farben, mit Silber und Gold
Zeile 46:	verwegen – sehr mutig, kühn
Zeile 49:	der Anstand, hier: Würde

Die erste Fassung dieses Textes ist um 1780 entstanden, die
hier abgedruckte knappere Spätfassung um 1795

Textarbeit

1 Goethe schildert ausführlich die Reaktionen des
Publikums. Sammeln Sie die Ausdrücke für die Pu-
blikumsreaktionen.

2 Sammeln Sie die Ausdrücke für die Kunststücke
der Akrobaten.

3 Goethe schafft am Anfang des Textes Spannung
beim Leser. Wie?

4 Goethe steigert die Erzählung stufenweise.
Nämlich?

5 Goethe macht es dem Leser leicht, das Schauspiel
so zu erleben, als würde der Leser selber zuschau-
en. Der Leser identifiziert sich nämlich mit einigen
Personen des Textes. Mit welchen?

Unterhaltung

1 Welche der folgenden Wörter charakterisieren den
Künstler, welche charakterisieren das Publikum?
Bitte nehmen Sie ein Blatt Papier und stellen Sie
zwei Listen zusammen: ,,Künstler'' und ,,Pub-
likum''.

betrachten sich überschlagen sich unterhalten
Tod Mühe Ruhe genießen Verwegenheit Verren-
kung Mut gefährlich betteln heimatlos Armut
Sicherheit zuschauen sich amüsieren Zerstreuung

2 Mit der richtigen Verteilung der Wörter haben Sie
die Rolle des Künstlers und die Rolle des Publikums
charakterisiert. Die Szene, die Goethe beschreibt,
zeigt scharf und kritisch die Situation des Künstlers
in der Gesellschaft. Das ist eine immer wiederkeh-
rende, wichtige Fragestellung in Goethes Roman
Wilhelm Meister. Die Frage lautet also: welche Rolle hat der Künstler zu spielen, welche Rolle spielt
die Gesellschaft? Versuchen Sie ein oder zwei oder
drei Antworten zu finden, die Goethe (mit dieser
Szene) gibt.

Schreibschule

Versetzen Sie sich in die Person eines Seiltänzers.
Schreiben Sie die Geschichte einer Aufführung von
diesem Standpunkt aus. Beschreiben Sie die Zuschauer so, wie der Seiltänzer sie sieht.

Aus alten Märchen winkt es

Schwierigkeitsgrad B

Vorbereitung

die Diplomatin
der Flüchtling
die Asylbewerberin
die Abgeschobene
die Asylantin   die Kranke   die Aussiedlerin   die Exotin   die Emigrantin   die Fremde
die Außenseiterin   die Heimatvertriebene   die Exporteurin
die Außerirdische   die Ausländerin   die Gastarbeiterin   die Ausgewiesene

a. Welche Wörter haben ungefähr dieselbe Bedeutung?

b. Welche Wörter bezeichnen Berufe?

c. Welche Wörter lassen sich sowohl auf Inländer als auch auf Ausländer anwenden?

d. Welche Wörter diskriminieren die Fremde?

e. Welche Wörter drücken aus, daß die Fremde im Lande bleiben wird?

f. Welche Wörter drücken aus, daß die Fremde das Land wieder verlassen wird?

g. Welche Wörter drücken aus, daß die Fremde sich schon wieder in ihrer Heimat befindet?

h. Welche Wörter drücken aus, daß die Fremde freiwillig die Heimat verlassen hat?

i. Welche Wörter drücken aus, daß die Fremde dazu gezwungen wurde, die Heimat zu verlassen?

Textarbeit

1 Kreisen Sie in der Wortliste („Vorbereitung") die Begriffe ein, die auf die Fremde in dem Gedicht zutreffen.

2 Entwerfen Sie einen „Steckbrief" des Mädchens:

Alter:

Name:

Herkunft:

Beruf:

Aussehen:

Eigenschaften:

Fassen Sie dies in einem kurzen Text zusammen.

3 Finden Sie möglichst viele Unterschiede zwischen dem Mädchen und dem Hirten.

4 Was ist in dem Gedicht realistisch; was ist in dem Gedicht eher märchenhaft oder mythisch?

5 Die Gestalt des Mädchens könnte symbolisch stehen für

Jugend Liebe Glück Zufriedenheit Frühling . . .

Entscheiden Sie sich für eine der Möglichkeiten oder für eine eigene. Tragen Sie Belege zusammen, um Ihre Ansicht zu verteidigen. Diskutieren Sie dann gemeinsam: welche Deutung ist am wahrscheinlichsten?

2

Text

In einem Tal bei armen Hirten
Erschien mit jedem jungen Jahr,
Sobald die ersten Lerchen schwirrten,
Ein Mädchen, schön und wunderbar.

5 Sie war nicht in dem Tal geboren,
Man wußte nicht, woher sie kam,
Doch schnell war ihre Spur verloren,
Sobald das Mädchen Abschied nahm.

Beseligend war ihre Nähe,
10 Und alle Herzen wurden weit,
Doch eine Würde, eine Höhe
Entfernte die Vertraulichkeit.

Sie brachte Blumen mit und Früchte,
Gereift auf einer andern Flur,
15 In einem andern Sonnenlichte,
In einer glücklichern Natur.

Und teilte jedem eine Gabe,
D e m Früchte, j e n e m Blumen aus,
Der Jüngling und der Greis am Stabe,
20 Ein jeder ging beschenkt nach Haus.

Willkommen waren alle Gäste,
Doch nahte sich ein liebend Paar,
Dem reichte sie der Gaben beste,
Der Blumen allerschönste dar.

FRIEDRICH SCHILLER (1776)*

Text

Aus alten Märchen winkt es
Hervor mit weißer Hand,
Da singt es und da klingt es
Von einem Zauberland:

5 Wo große Blumen schmachten
Im goldnen Abendlicht,
Und zärtlich sich betrachten
Mit bräutlichem Gesicht; –

Wo alle Bäume sprechen
10 Und singen, wie ein Chor,
Und laute Quellen brechen
Wie Tanzmusik hervor; –

Und Liebesweisen tönen,
Wie du sie nie gehört,
15 Bis wundersüßes Sehnen
Dich wundersüß betört!

Ach, könnt ich dorthin kommen,
Und dort mein Herz erfreun,
Und aller Qual entnommen,
20 Und frei und selig sein!

Ach! jenes Land der Wonne,
Das seh ich oft im Traum,
Doch kommt die Morgensonne,
Zerfließt's wie eitel Schaum.

HEINRICH HEINE (1823)

[handschriftliche Randnotizen:]
Schönheit d. Natur
Liebe
Harmonie
Fröhlichkeit
Liebe
Zauber
Vergänglichkeit
(wenn ich.....)
– höchstes Glück

mit jedem jungen Jahr	=	immer zu Jahresbeginn
die Lerche	=	Singvogel
schwirren	=	mit schnellen Flügelschlägen fliegen
austeilen	=	schenken
der Greis am Stabe	=	alter Mann, der mit dem Stock geht
darreichen	=	schenken

die Weise	=	die Melodie
betören	=	bezaubern, magisch anziehen
aller Qual entnommen	=	von allen Sorgen befreit
die Wonne	=	die Freude (zu schwach)
es zerfließt wie eitel Schaum	=	der Traum löst sich in Nichts auf

[handschriftliche Notizen:]
schmachten – hungern + dürsten, sich sehnen
(schmächtig = dünn, klein)
Wonnemonat / wonnig / Wonneproppen! eine wahre Wonne / mit Wonne
eitel – (engl. idle ~ leer)
mod: selbstgefällig
alt: nichtig, wertlos

---

* hier nach der von Schiller revidierten letzten Fassung von
1804

Textarbeit

1 Die Texte von Schiller und Heine sind Ausdruck der Sehnsucht nach einer besseren Welt. Wonach sehnen sich die Menschen bei

Schiller	Heine
Fröhlichkeit, Frohsinn, Freude	

Belegen Sie jeweils Ihre Nennungen. Wo gibt es Übereinstimmungen, wo Unterschiede?

2. Kennen Sie aus Ihrer eigenen oder der deutschen Literatur Beispiele für die Motive „Geheimnisvolle(r) Fremde(r)'' und „Bessere Welt''? Berichten Sie darüber.

Unterhaltung

Schillers „Mädchen aus der Fremde'' könnte aus dem „Zauberland'' stammen, von dem Heinrich Heine in seinem Gedicht „Aus alten Märchen winkt es'' spricht. Suchen Sie möglichst viele Gemeinsamkeiten.

Freiheit

Schwierigkeitsgrad C

Unterhaltung

1 Es gibt mehrere Wörter, die das Gegenteil des Wortes *frei* bezeichnen, zum Beispiel *belegt* . . . Sammeln Sie diese „Gegenteilwörter'' (Antonyme).

2 Freiheit gibt es – als Realität oder als Wunsch – auf vielen Ebenen, in vielen Bereichen. Nennen Sie möglichst viele.

3 Versuchen Sie mehrere Definitionen des Wortes Freiheit zu geben.

4 Stimmt der Satz von Martin Luther King „Es ist ebenso unmöglich, halb frei zu sein, wie halb lebendig zu sein''? Wenn der Satz stimmt: bitte finden Sie Beispiele, die ihn belegen.

Text

Geßler.   Weib, mach Platz,
   Oder mein Roß geht über dich hinweg.
Armgard. Laß es über mich dahingehn – da –
   (*Sie reißt ihre Kinder zu Boden und wirft sich mit ihnen ihm in den Weg.*)
   Mit meinen Kindern – Laß die armen Waisen
   Von deines Pferdes Huf zertreten werden,
   Es ist das Ärgste nicht, was du getan –
Geßler.   Wo sind meine Knechte?
   Man reiße sie von hinnen, oder ich
   Vergesse mich und tue, was mich reuet.
Rudolf der Harras.
   Die Knechte können nicht hindurch, o Herr,
   Der Hohlweg ist gesperrt durch eine Hochzeit.
Geßler. Ein allzu milder Herrscher bin ich noch
   Gegen dies Volk – die Zungen sind noch frei,
   Es ist noch nicht ganz, wie es soll, gebändigt –
   Doch es soll anders werden, ich gelob es,
   Ich will ihn brechen, diesen starren Sinn,
   Den kecken Geist der Freiheit will ich beugen.
   Ein neu Gesetz will ich in diesen Landen
   Verkünden – Ich will –

Fortsetzung des Textes Seite 14

Klabund: „Kein Drama dürfte sich besser für (1929) eine Festvorstellg. der Terroristen eignen.'' über „W. Tell''

Die beiden bekanntesten Prediger des gewaltlosen Widerstands von unten, Martin Luther King und Mahatma Gandhi, wurden ermordet (King 1968, Gandhi 1948). Unser Bild zeigt Gandhis Grab in New Delhi

Weil der Neger genau weiß, daß kein Mensch – und auch kein Staat – wirklich leben kann, wenn er „halb frei und halb versklavt" ist, hat er auf sein Banner das bedeutsame Wort „Jetzt" gesetzt. Der Neger sagt und weiß, daß für unsere Nation die Zeit gekommen ist, den entscheidenden Schritt *in die Freiheit* – nicht nur *auf die Freiheit zu* – zu tun, um damit den farbigen Mitbürgern eine längst überfällige Schuld zu bezahlen. Vor Jahrhunderten hat die Kulturwelt die sichere Erkenntnis erworben, daß der Mensch sich von der Barbarei nur insoweit entfernt hat, als er seine Beziehung zu seinen Mitmenschen erkannt hat.

MARTIN LUTHER KING 1963

```
Geheim                          Der Reichsminister
                                und Chef der Reichskanzlei
                                RK 890 Ag
                                Berlin, den 12. Dezember 1941
                                z. Zt. Führer-Hauptquartier
An den
Herrn Reichsminister für
Wissenschaft, Erziehung und Volksbildung

Betrifft: Schauspiel "Wilhelm Tell"
Auf das Schreiben vom 8. November 1941
- E III a 495 g/41 (a) -

Nach dem Wunsche des Führers soll das Schauspiel "Wilhelm
Tell" als Lehrstoff in den Schulen nicht mehr behandelt wer-
den.

Abschrift dieses Schreibens habe ich dem Chef der Kanzlei
des Führers der NSDAP übersandt.
                                        Dr. Lammers
```

Dieser Brief des Chefs der Reichskanzlei wurde dem deutschen Volk zwar nicht bekannt. Aber das Fehlen des Tell-Stücks in Buchhandlungen und Theatern wurde bemerkt. Beschreiben Sie die Wirkungen, die das in gebildeten Kreisen des Volkes gehabt haben muß.

Tübinger Chronik

Rottenburger Zeitung
Amtsblatt der NSDAP und der Behörden

Freitag, den 21. Juli 1944   100. Jahrgang / Nr. 169

Feige verbrecherische Generalsclique verübte Attentat gegen den Größten aller Deutschen

Heil unserem Führer Adolf Hitler!

Jeder aufrichtige ehrliche Deutsche, dessen Ehre die Treue ist, ist voller Dank, daß das hinterhältige Attentat mißglückt ist, und bekennt sich mit ganzem Herzen zu unserem Führer

Berlin, 20. Juli. Auf den Führer wurde, wie das Deutsche Nachrichtenbüro am Donnerstag bald nach 5 Uhr nachmittags meldete, am Donnerstag ein Sprengstoffanschlag verübt. Aus seiner Umgebung wurden hierbei schwer verletzt Generalleutnant Schmundt, Oberst Brandt, Mitarbeiter Berger. Leichtere Verletzungen trugen davon Generaloberst Jodl, die Generale Korten, Buhle, Bodenschatz, Heusinger, Scherff, die Admirale Voß, von Puttkamer, Kapitän zur See Aßmann und Oberstleutnant Bergmann. Der Führer selbst hat außer leichten Verbrennungen und Prellungen keine Verletzungen erlitten. Er hat unverzüglich darauf seine Arbeit wieder aufgenommen und — wie vorgesehen — den Duce zu einer längeren Aussprache empfangen. Kurze Zeit nach dem Anschlag traf die Ansicht der Reichsmarschall beim Führer ein. In den ersten Stunden des Freitag, kurz nach 1 Uhr heute früh, sprach dann der Führer vom Hauptquartier aus über alle deutschen Sender zum deutschen Volk, um ihm durch seine Stimme zu zeigen, daß er lebt und wohlauf ist, und um ihm die Hintergründe der Freveltat zu erläutern: sie ist von einer verräterischen Offiziersclique begangen worden, die sich ehrlos zum Werkzeug unserer Feinde gemacht hat und daher nun mit allen ihren Anhängern mit Recht unbarmherzig vernichtet und ausgerottet wird.

Am 20. Juli 1944 führte der Oberst Claus Schenk von Stauffenberg in Ostpreußen das lange vorbereitete Attentat auf Hitler durch. Der Versuch mißlang. Stauffenberg wurde erschossen, die Träger der hinter ihm stehenden Widerstandsbewegung nahezu vollzählig hingerichtet.

(Ein Pfeil durchbohrt ihn, er fährt mit der Hand ans Herz und will sinken. Mit matter Stimme.)

> Gott sei mir gnädig!

R u d o l f   d e r   H a r r a s.

Herr Landvogt – Gott, was ist das? Woher kam das?

A r m g a r d *(auffahrend)*

Mord! Mord! Er taumelt, sinkt! Er ist getroffen!
Mitten ins Herz hat ihn der Pfeil getroffen!

R u d o l f   d e r   H a r r a s *(springt vom Pferde)*.

Welch gräßliches Ereignis – Gott – Herr Ritter –
Ruft die Erbarmung Gottes an – Ihr seid
Ein Mann des Todes! –

G e ß l e r.   Das ist Tells Geschoß.

(Ist vom Pferd herab dem Rudolf Harras in den Arm gegleitet und wird auf der Bank niedergelassen)

T e l l *(erscheint oben auf der Höhe des Felsens)*.

Du kennst den Schützen, suche keinen andern!
Frei sind die Hütten, sicher ist die Unschuld
Vor dir, du wirst dem Lande nicht mehr schaden.

S t ü s s i.

Sieh, wie er bleich wird – Jetzt, jetzt tritt der Tod
Ihm an das Herz – die Augen sind gebrochen.

A r m g a r d *(hebt ein Kind empor)*.

Seht, Kinder, wie ein Wüterich verscheidet!

R u d o l f   d e r   H a r r a s.

Wahnsinn'ge Weiber, habt ihr kein Gefühl,
Daß ihr den Blick an diesem Schrecknis weidet?
– Helft – Leget Hand an – Steht mir niemand bei,
Den Schmerzenspfeil ihm aus der Brust zu
ziehn?

W e i b e r *(treten zurück)*.

Wir ihn berühren, welchen Gott geschlagen!

R u d o l f   d e r   H a r r a s.

Fluch treff euch und Verdammnis! *(Zieht das Schwert.)*

S t ü s s i *(fällt ihm in den Arm)*.   Wagt es, Herr!

Eu'r Walten hat ein Ende. Der Tyrann
Des Landes ist gefallen. Wir erdulden
Keine Gewalt mehr. Wir sind freie Menschen.

A l l e *(tumultuarisch)*. Das Land ist frei!

FRIEDRICH SCHILLER (1804)
1805 †

Unterhaltung

Schillers letztes Theaterstück *Wilhelm Tell* spielt in der Schweiz (die Schiller übrigens nie gesehen hat), der historische Stoff ist die im Jahr 1291 beginnende Loslösung der Schweiz vom deutschen Reich; die Geschichte von Tells Meisterschuß ist eine Sage. Wichtig ist nur: Schiller rollt in diesem Stück die Problematik der Gewalt von unten auf. Tyrannenmord ist legitim, lautet die These des Stücks.*

1 Schillers Schwarzweißkunst ist in unserem Text gut zu erkennen. Beschreiben Sie kurz die Personen, die Licht und Schatten herstellen.

2 Auch ohne die Vorgeschichte zu kennen, sehen Sie an unserem kurzen Textausschnitt Schillers Bühnentechnik. Der Mord wird auch im letzten Augenblick noch einmal sehr theaterwirksam vorbereitet – wie?

3 Der Bühneneffekt: Mutter zeigt ihrem Kind den Toten – drückt eine extrem starke Emotion aus. Welche?

Gespräch

INDIVIDUUM UND GEWALT

1 Sammeln Sie in der Klasse alles, was den Teilnehmern zu diesem Thema einfällt. Benützen Sie für jede Idee einen Zettel. Ordnen Sie die Zettel gemeinsam.

2 Wählen Sie gemeinsam die Ideen aus, die Ihnen wichtig erscheinen. Stellen Sie Themenkreise zusammen.

3 Nehmen Sie Stellung zu den Ideen, begründen Sie Ihre Stellungnahme. Zwei Teilnehmer notieren den Ablauf des Gesprächs.

4 Die Gesprächsnotizen werden überarbeitet und (in kleinen Gruppen) ausformuliert.

* Schiller: Antwort auf Ifflands Fragen, April 1804

August Wilhelm Iffland (Schauspieler)

Das Schloß

Schwierigkeitsgrad C

Vorbereitung

● Was fällt Ihnen zu den Bildern ein?
● Glauben Sie an Spuk?
● Kennen Sie Spukgeschichten?

Text

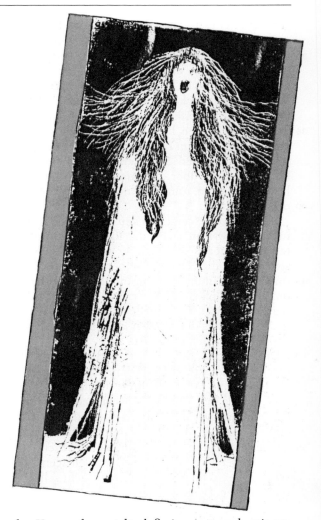

Am Fuße der Alpen, bei Locarno im oberen Italien, befand sich ein altes, einem Marchese gehöriges Schloß, das man jetzt, wenn man vom St. Gotthard kommt, in Schutt und Trümmern liegen sieht: ein
5 Schloß mit hohen und weitläufigen Zimmern, in deren einem einst, auf Stroh, das man ihr unterschüttete, eine alte kranke Frau, die sich bettelnd vor der Tür eingefunden hatte, von der Hausfrau aus Mitleid gebettet worden war. Der Marchese,
10 der, bei der Rückkehr von der Jagd, zufällig in das Zimmer trat, wo er seine Büchse abzusetzen pflegte, befahl der Frau unwillig, aus dem Winkel, in welchem sie lag, aufzustehen, und sich hinter den Ofen zu verfügen. Die Frau, da sie sich erhob,
15 glitschte mit der Krücke auf dem glatten Boden aus, und beschädigte sich, auf eine gefährliche Weise,

das Kreuz; dergestalt, daß sie zwar noch mit unsäglicher Mühe aufstand und quer, wie es vorgeschrieben war, über das Zimmer ging, hinter den Ofen aber, unter Stöhnen und Ächzen, niedersank 20 und verschied.

Mehrere Jahre nachher, da der Marchese, durch Krieg und Mißwachs, in bedenkliche Vermögensumstände geraten war, fand sich ein florentinischer Ritter bei ihm ein, der das Schloß, seiner 25 schönen Lage wegen, von ihm kaufen wollte. Der Marchese, dem viel an dem Handel gelegen war,

gab seiner Frau auf, den Fremden in dem obenerwähnten, leerstehenden Zimmer, das sehr schön
30 und prächtig eingerichtet war, unterzubringen.
Aber wie betreten war das Ehepaar, als der Ritter
mitten in der Nacht, verstört und bleich, zu ihnen
herunter kam, hoch und teuer versichernd, daß es
in dem Zimmer spuke, indem etwas, das dem Blick
35 unsichtbar gewesen, mit einem Geräusch, als ob es
auf Stroh gelegen, im Zimmerwinkel aufgestanden,
mit vernehmlichen Schritten, langsam und gebrechlich, quer über das Zimmer gegangen, und
hinter dem Ofen, unter Stöhnen und Ächzen, nie-
40 dergesunken sei.

Der Marchese erschrocken, er wußte selbst
nicht recht warum, lachte den Ritter mit erkünstelter Heiterkeit aus, und sagte, er wolle sogleich aufstehen, und die Nacht zu seiner Beruhigung, mit
45 ihm in dem Zimmer zubringen. Doch der Ritter bat
um die Gefälligkeit, ihm zu erlauben, daß er auf einem Lehnstuhl, in seinem Schlafzimmer übernachte, und als der Morgen kam, ließ er anspannen, empfahl sich und reiste ab.
50 Dieser Vorfall, der außerordentliches Aufsehen
machte, schreckte, auf eine dem Marchese höchst
unangenehme Weise, mehrere Käufer ab; dergestalt, daß, da sich unter seinem eigenen Hausgesinde, befremdend und unbegreiflich, das Gerücht
erhob, daß es in dem Zimmer, zur Mitter-
55 nachtsstunde, umgehe, er, um es mit einem entscheidenden Verfahren niederzuschlagen, beschloß, die Sache in der nächsten Nacht selbst zu
untersuchen. Demnach ließ er, beim Einbruch der
Dämmerung, sein Bett in dem besagten Zimmer
60 aufschlagen, und erharrte, ohne zu schlafen, die
Mitternacht. Aber wie erschüttert war er, als er in
der Tat, mit dem Schlage der Geisterstunde, das unbegreifliche Geräusch wahrnahm; es war, als ob ein
Mensch sich von Stroh, das unter ihm knisterte, er-
65 hob, quer über das Zimmer ging, und hinter dem
Ofen, unter Geseufz und Geröchel niedersank. Die
Marquise, am andern Morgen, da er herunter kam,
fragte ihn, wie die Untersuchung abgelaufen; und
da er sich, mit scheuen und ungewissen Blicken,
70 umsah, und, nachdem er die Tür verriegelt, versi-

cherte, daß es mit dem Spuk seine Richtigkeit habe:
so erschrak sie, wie sie in ihrem Leben nicht getan,
und bat ihn, bevor er die Sache verlauten ließe, sie
noch einmal, in ihrer Gesellschaft, einer kaltblüti-75
gen Prüfung zu unterwerfen. Sie hörten aber, samt
einem treuen Bedienten, den sie mitgenommen
hatten, in der Tat, in der nächsten Nacht, dasselbe
unbegreifliche, gespensterartige Geräusch; und
nur der dringende Wunsch, das Schloß, es koste 80
was es wolle, los zu werden, vermochte sie, das Entsetzen, das sie ergriff, in Gegenwart ihres Dieners
zu unterdrücken, und dem Vorfall irgend eine
gleichgültige und zufällige Ursache, die sich entdecken lassen müsse, unterzuschieben. Am Abend 85
des dritten Tages, da beide, um der Sache auf den
Grund zu kommen, mit Herzklopfen wieder die
Treppe zu dem Fremdenzimmer bestiegen, fand
sich zufällig der Haushund, den man von der Kette
losgelassen hatte, vor der Tür desselben ein; derge-90
stalt, daß beide, ohne sich bestimmt zu erklären,
vielleicht in der unwillkürlichen Absicht, außer
sich selbst noch etwas Drittes, Lebendiges, bei sich
zu haben, den Hund mit sich in das Zimmer nahmen. Das Ehepaar, zwei Lichter auf dem Tisch, die 95
Marquise unausgezogen, der Marchese Degen und
Pistole, die er aus dem Schrank genommen, neben
sich, setzen sich, gegen elf Uhr, jeder auf sein Bett;
und während sie sich mit Gesprächen, so gut sie
vermögen, zu unterhalten suchen, legt sich der 100
Hund, Kopf und Beine zusammen gekauert, in der
Mitte des Zimmers nieder und schläft ein. Drauf, in
dem Augenblick der Mitternacht, läßt sich das entsetzliche Geräusch wieder hören; jemand, den
kein Mensch mit Augen sehen kann, hebt sich, auf 105
Krücken, im Zimmerwinkel empor; man hört das
Stroh, das unter ihm rauscht; und mit dem ersten
Schritt: tapp! tapp! erwacht der Hund, hebt sich
plötzlich, die Ohren spitzend, vom Boden empor,
und knurrend und bellend, grad als ob ein Mensch 110
auf ihn eingeschritten käme, rückwärts gegen den
Ofen weicht er aus. Bei diesem Anblick stürzt die
Marquise, mit sträubenden Haaren, aus dem Zimmer; und während der Marchese, der den Degen ergriffen: wer da? ruft, und da ihm niemand antwor-115

tet, gleich einem Rasenden, nach allen Richtungen
die Luft durchhaut, läßt sie anspannen, entschlos-
sen, augenblicklich, nach der Stadt abzufahren.
Aber ehe sie noch, nach Zusammenraffung einiger
120 Sachen, aus dem Tore herausgerasselt, sieht sie
schon das Schloß ringsum in Flammen aufgehen.
Der Marchese, von Entsetzen überreizt, hatte eine
Kerze genommen, und dasselbe, überall mit Holz
getäfelt wie es war, an allen vier Ecken, müde seines
125 Lebens, angesteckt. Vergebens schickte sie Leute
hinein, den Unglücklichen zu retten; er war auf die
elendiglichste Weise bereits umgekommen, und
noch jetzt liegen, von den Landleuten zusammen-
getragen, seine weißen Gebeine in dem Winkel des
130 Zimmers, von welchem er das Bettelweib von Locarno hatte aufstehen heißen.›

HEINRICH VON KLEIST (1810)

Zeile 11:	die Büchse	= das Gewehr
Zeile 15:	ausglitschen	= ausrutschen, fallen
Zeile 17:	dergestalt, daß (alter- tümlich)	= so daß

Zeile 21:	verscheiden, verschied, verschieden	= sterben
Zeile 23:	Mißwachs	= schlechte Ernte
Zeile 23:	bedenkliche Vermögens- umstände	= finanzielle Schwierig- keiten
Zeile 27:	mir liegt viel daran	= es ist mir wichtig
Zeile 27:	gab seiner Frau auf	= bat seine Frau
Zeile 30:	betreten	= verlegen
Zeile 33:	hoch und teuer versi- chern	= als wahr erklären
Zeile 36:	vernehmlich	= hörbar
Zeile 53:	das Hausgesinde	= die Angestellten, die im Haus arbeiten
Zeile 54:	das Gerücht	= Gerede ohne Beweis
Zeile 56:	es geht um, es spukt	= ein Gespenst geht herum
Zeile 61:	erharren	= erwarten
Zeile 71:	verriegeln	= die Tür abschließen
Zeile 74:	verlauten lassen	= bekanntwerden lassen
Zeile 81:	vermögen	= können
Zeile 85:	eine Ursache unterschie- ben	= eine einfache Er- klärung abgeben
Zeile 92:	unwillkürlich	= ohne es zu wollen
Zeile 96:	der Degen	= eine Waffe
Zeile 101:	zusammengekauert	= zusammengerollt
Zeile 120:	rasseln	= Geräusch der Kutsche
Zeile 127:	auf die elendiglichste Weise	= auf die schlimmste Weise
Zeile 129:	die Gebeine	= die Knochen

Textarbeit

Lesen Sie die ersten drei Abschnitte noch einmal.

a Der Marchese wollte das Schloß verkaufen, weil

b Der Ritter kaufte es nicht, weil

c Der Marchese lachte „mit erkünstelter Heiterkeit" (er war in Wirklichkeit gar nicht lustig). Warum „mit erkünstelter Heiterkeit"?

d Glaubte der Marchese dem Ritter?

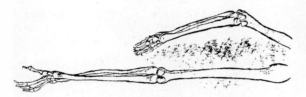

Textarbeit

Lesen Sie weiter bis Zeile 85 und kreuzen Sie ja oder nein an:

Steht das im Text?

	ja	nein
Die Käufer kümmern sich nicht um die Spukgeschichte.	☐	☒
Die Knechte und Mägde glauben an Geister.	☒	☐
Auch der Hausherr hört den Spuk.	☒	☐
Die Frau bleibt kaltblütig.	☐	☒
Der Marchese und die Marquise haben zwei Nächte im Spukzimmer verbracht.	☒	☐
Die beiden haben gute Nerven.	☐	☒

Unterhaltung

Lesen Sie die Novelle zu Ende.

a Warum löst das Zurückweichen des Hundes eine panische Reaktion beim Marchese und seiner Frau aus?

b Der Marchese reagiert am Ende selbstzerstörerisch, die Frau rettet sich. Vergleichen Sie damit die Haltung der beiden der Bettlerin gegenüber am Anfang der Novelle.

c Welches Verhalten hat mehr mit Gefühl, welches mehr mit Rationalität zu tun?

d Stimmen Sie dem Gedanken zu: Der Tod des Marchese ist die gerechte Strafe für sein Verhalten der Bettlerin gegenüber?

Werkstatt

Machen Sie aus dieser Novelle ein Hörspiel. Bestimmen Sie die Personen; achten Sie darauf, daß Sie für die Zwischenstücke einen Sprecher brauchen.

Schreiben Sie die Dialoge. Sammeln Sie alle Geräusche und überlegen Sie, wie Sie das umsetzen können für eine Tonbandaufnahme.

3. Kurs: Romantik

Es ist kein Zufall, daß die romantische Bewegung in den Industriegebieten ihren Ausgang nimmt. Im Angesicht der Entfremdung des Menschen von sich selbst durch unpersönliche Arbeit suchen die Romantiker die Befreiung der Individualität und ihre Vertiefung im Ursprünglichen. Allen „Romantikern gemeinsam war die Antipathie gegen den Kapitalismus" (Ernst Fischer). Romantik bedeutet, neben und unter dem Tag, immer auch die Nacht sehen, die inneren, tieferen Schichten des Daseins.

Die Romantiker wenden sich der „Nachtseite" des Lebens nicht zu, um vor dem Tag zu fliehen, sondern um die Mitte zwischen Tag und Nacht zu finden, den Punkt, von dem aus wir die Dinge begreifen können. Ein sehr moderner Schritt. In manchen Erkenntnissen nimmt die Romantik die moderne Psychologie und Philosophie vorweg.

Während die Klassik noch nicht abgeschlossen ist, setzt schon die frühe Romantik ein, und zwar mit den Arbeiten des jungen Novalis (1797).

Novalis, bürgerlicher Name Georg Friedrich Philipp von Hardenberg (1772–1801), Jurist und Geologe. Seine naturwissenschaftlichen und philosophischen Notizen wurden zum Teil erst nach dem Zweiten Weltkrieg veröffentlicht. Romane: *Die Lehrlinge zu Sais* (1798–1800), *Heinrich von Ofterdingen* (1799/1800). Gedichte, Aphorismen. Sein Wort „Die Märchenwelt wird ganz sichtbar, die wirkliche Welt wird wie ein Märchen angesehen" kann als Schlüssel dienen. Novalis dichtet die Wirklichkeit als ein Märchen, alle Räume und Zeiten treffen zusammen in der Sphäre der Poesie, die Wand zwischen Wachen und Träumen, zwischen Außen und Innen wird aufgehoben. – Unser Bild (rechts) zeigt den etwa 25jährigen Novalis.

Karoline von Günderrode (1780–1806) veröffentlichte *Dichtungen und Phantasien* (1804) und poetische Fragmente (1805). Kurz vor ihrem Tod schrieb ihr Freund Friedrich Creuzer den gefährlich-ahnenden Satz „Wie schön wird es erst im Tode sein, oder vielmehr im großen All, wo das Einzelne aufgehoben sein wird". – Unser Bild (links) zeigt die etwa 25jährige Günderrode.

Joseph von Eichendorff (1788–1857). Seine Poesie hat bei aller Tiefe die Einfachheit und Musikalität des Volkslieds. Befreundet mit dem Heidelberger Romantiker-Kreis (Görres, Brentano, Arnim, Friedrich Schlegel), später preußischer Staatsbeamter. Über Eichendorffs *Taugenichts* urteilt Fontane: „Ein Buch, in dem sich auf wenigen Blättern und mit der Naivität eines Märchens die tiefsten Seiten unseres Lebens erschließen." Unser Bild (links) zeigt den vierzehnjährigen Eichendorff.

Eduard Mörike (1804–1870). Man zählt ihn häufig unter die Realisten oder zum Biedermeier. Seine Bilder und Gedanken sind aber reine Romantik. Mörikes Poesie erscheint – neben der Poesie Eichendorffs – einen Ton persönlicher, fragender, nachdenklicher, oft auch intellektueller. „. . . Mörikes Stimme, die so bescheiden und abseits der Welt laut wurde und die jetzt, bald hundert Jahre nach seinem Tode, noch forttönt als eine unverwechselbare Musik" (Marie Luise Kaschnitz). Unser Bild (rechts) zeigt den neunzehnjährigen Mörike.

ROMANTIK

Einige weitere Namen:

Romantische Literatur:
X Friedrich Schlegel (*Lucinde*, 1799)
Achim von Arnim und Clemens Brentano (zusammen: *Des Knaben Wunderhorn*, 1805–08)
Ludwig Tieck (*Phantasus*, 1812/1813)
E. Th. A. Hoffmann (*Der goldene Topf*, 1814)

Romantische Musik: Franz Schubert
                      Carl Maria von Weber
                      Robert Schumann
Romantische Malerei: Caspar David Friedrich
                      Philipp Otto Runge

Romantische Philosophie:
Friedrich Wilhelm Joseph Schelling (*Die Weltalter*, ab 1811)

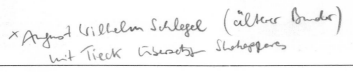

X August Wilhelm Schlegel (älterer Bruder)
mit Tieck übersetzt Shakespeare

Die Höhle

Schwierigkeitsgrad B

Unterhaltung

Wählen Sie aus den folgenden Materialien (Bildern und Zitaten) drei aus und charakterisieren Sie

- Stil des Textes/Bildes
- Absicht des Textes/Bildes
- Grad der Verständlichkeit

Die Holzkohle und der Diamant sind ein Stoff – und doch wie verschieden. Sollte es nicht mit Mann und Frau derselbe Fall sein. Wir sind Tonerde, und die Frauen sind Weltauge und Saphire, die ebenfalls aus Tonerde bestehen.[1]

mein Herz wird
Untrügbarer Kristall an dem
Das Licht sich prüfet.[2]

Kristallisationen überhaupt haben wohl einen akustischen Ursprung.[3]

Körper, deren einzelne Bausteine (Atome, Ionen) in einer bestimmten, immer wiederkehrenden Anordnung im Raum verteilt sind, bezeichnet man als **Kristalle**. In diesen sind die Bausteine geometrisch regelmäßig in drei räumlich verschiedenen Richtungen angeordnet. Dieser Aufbau fester Körper wird als Kristallgitter bezeichnet.[4]

Das Durchsichtigste ist das schönste Bild der Liebe: der Diamant.[5]

kristallisiert heißen feste Stoffe, deren kleinste Bausteine (Atome, Ionen, Moleküle) gesetzmäßig in der Art eines → Raumgitters angeordnet sind (*Kristallgitter*). Der innere Feinbau bedingt die Ausbildung einer äußeren Kristallgestalt[6]

Bild unten: Die Burg des Juwels, Mystische Darstellung des 14. Jahrhunderts. Bibliothèque Nationale Paris

Quellen der Zitate: [1]Novalis [2]Hölderlin [3]Novalis [4]Herbert Kuntze et al.: Bodenkunde. 1983 [5]Johann Wilhelm Ritter (Physiker, 1778–1810) [6]dtv-Brockhaus-Lexikon 1982

Werkstatt

Eiszeit   Sesam, öffne dich!

Katakomben   Höhlengleichnis

Lourdes   Felsmalerei

– Alle diese Stichworte haben etwas mit Höhlen zu tun. Sicher fällt Ihnen noch viel mehr dazu ein, zum Beispiel aus Ihrer Heimat, aus alten Geschichten?
– Haben Sie schon eine Höhle gesehen? Erzählen Sie.
– Die meisten Menschen verbinden mit „Höhle" eine bestimmte Art von Assoziation. Versuchen Sie, das herauszufinden.

Schreibschule

Unser Bild zeigt eine der mächtigsten Tropfsteinhöhlen Europas, nämlich in Postojna (Slowenien). Versuchen Sie, sie möglichst genau zu beschreiben.

Text

Drei Stücke aus dem Roman *Heinrich von Ofterdingen* von Novalis (1801)   *blieb Fragment*
Traum von der „blauen Blume"

I

    Die Leute nannten ihn einen Schatzgräber. Er sprach aber sehr bescheiden von seinen Kenntnissen und seiner Macht, doch trugen seine Erzählungen das Gepräge der Seltsamkeit und Neuheit. Er
5 erzählte, daß er aus Böhmen gebürtig sei. Von Jugend auf habe er eine heftige Neugierde gehabt zu wissen, was in den Bergen verborgen sein müsse,
wo das Wasser in den Quellen herkomme, und wo das Gold und Silber und die köstlichen Steine gefunden würden, die den Menschen so unwider- 10 stehlich an sich zögen. Er habe in der nahen Klosterkirche oft diese festen Lichter an den Bildern und Reliquien betrachtet, und nur gewünscht, daß sie zu ihm reden könnten, um ihm von ihrer geheimnisvollen Herkunft zu erzählen. Er habe wohl 15 zuweilen gehört, daß sie aus weit entlegenen Ländern kämen; doch habe er immer gedacht, warum es nicht auch in diesen Gegenden solche Schätze und Kleinodien geben könnte. Die Berge seien doch nicht umsonst so weit im Umfange und erha- 20

ben und so fest verwahrt; auch habe es ihm ver-
dünkt, wie wenn er zuweilen auf den Gebirgen
glänzende und flimmernde Steine gefunden hätte.
Er sei fleißig in den Felsenritzen und Höhlen um-
25 hergeklettert, und habe sich mit unaussprechli-
chem Vergnügen in uralten Hallen und Gewölben
umgesehn.

II

(Schatzgräber)

Der Eingang war niedrig, und der Alte nahm eine
Fackel und kletterte über einige Steine zuerst hin-
30 ein. Ein ziemlich fühlbarer Luftstrom kam ihm entgegen, und der Alte versicherte, daß sie getrost folgen könnten. Die Furchtsamsten gingen zuletzt,
und hielten ihre Waffen in Bereitschaft. Heinrich
und die Kaufleute waren hinter dem Alten und der
35 Knabe wanderte munter an seiner Seite. Der Weg
lief anfänglich in einem ziemlich schmalen Gange,
welcher sich aber bald in eine sehr weite und hohe
Höhle endigte, die der Fackelglanz nicht völlig zu
erleuchten vermochte; doch sah man im Hinter-
40 grunde einige Öffnungen sich in die Felsenwand
verlieren. Der Boden war weich und ziemlich eben;
die Wände sowie die Decke waren ebenfalls nicht
rauh und unregelmäßig; aber was die Aufmerksamkeit aller vorzüglich beschäftigte, war die un-
45 zählige Menge von Knochen und Zähnen, die den
Boden bedeckte. Viele waren völlig erhalten, an andern sah man Spuren der Verwesung, und die, welche aus den Wänden hin und wieder hervorragten,
schienen steinartig geworden zu sein. Die meisten
50 waren von ungewöhnlicher Größe und Stärke. Der
Alte freute sich über diese Überbleibsel einer uralten Zeit; nur den Bauern war nicht wohl dabei zu-
mute, denn sie hielten sie für deutliche Spuren na-
her Raubtiere, so überzeugend ihnen auch der Alte
55 die Zeichen eines undenklichen Altertums daran
aufwies, und sie fragte, ob sie je etwas von Verwü-
stungen unter ihren Herden und vom Raube be-
nachbarter Menschen gespürt hätten und ob sie
jene Knochen für Knochen bekannter Tiere oder
60 Menschen halten könnten? Der Alte wollte nun
weiter in den Berg, aber die Bauern fanden für rat-

sam sich vor die Höhle zurückzuziehn, und dort
seine Rückkunft abzuwarten. Heinrich, die Kaufleute und der Knabe blieben bei dem Alten, und
versahen sich mit Stricken und Fackeln. Sie gelang-
65 ten bald in eine zweite Höhle, wobei der Alte nicht
vergaß, den Gang aus dem sie hereingekommen
waren, durch eine Figur von Knochen, die er davor
hinlegte, zu bezeichnen. Die Höhle glich der vori-
gen und war ebenso reich an tierischen Resten.
70 Heinrichen war schauerlich und wunderbar zu-
mute; es gemahnte ihn, als wandle er durch die
Vorhöfe des innern Erdenpalastes. Himmel und
Leben lag ihm auf einmal weit entfernt, und diese
dunklen weiten Hallen schienen zu einem unterir-
75 dischen seltsamen Reiche zu gehören.

III

Die Natur will nicht der ausschließliche Besitz
eines einzigen sein. Als Eigentum verwandelt sie
sich in ein böses Gift, was die Ruhe verscheucht.

Diktum

Textarbeit

a Es handelt sich um drei Beispiele unterschiedlicher Textgattung, nämlich

b Der „Schatzgräber" spricht von einem „unaus-sprechlichen Vergnügen". Dagegen stehen die Empfindung der Bauern, nämlich

c Um das „unaussprechliche Vergnügen" zu genie-ßen, sind also einige Voraussetzungen nötig, welche?

d Versuchen Sie die Gefühle der „normalen Men-schen" (hier: „Bauern") genauer zu formulieren.

e Welche Rolle spielt die Fackel in der Geschichte?

f Und welche Rolle spielt der „Alte"?

g Erläutern Sie den Satz III im speziellen Sinn unserer Geschichte und im allgemeinen Sinn.

Unterhaltung

Ein häufiger, von konservativer und ebenso von mar-xistischer Seite erhobener Vorwurf sagt, Romantik ist Flucht; diese „Wege nach innen" machen blind für die Aufgaben hier und heute. Nehmen Sie dazu Stellung.

Die Schriftstellerin

Schwierigkeitsgrad C

Pompeji, 1. Jahrhundert nach Chr.

Unterhaltung

(1) Streichen Sie die Wörter weg, die nicht zu dem Bild passen:

Stenotypistin Nonne Künstlerin Parlamentarierin Dichterin Marktfrau Philosophin Fotomodell Stewardess Bürochefin Wissenschaftlerin.

Begründen Sie Ihre Entscheidungen.

(2) Versuchen Sie, das Atmosphärische des Bildes zu beschreiben – Ausdruck der Augen, Ausdruck des Mundes, Haltung des Kopfes, Gesten, Wirkung des ganzen Bildes.

(3) Lesen Sie die folgende Definition der Frau aus dem 18. Jahrhundert (von Joachim Heinrich Campe):
,,. . . ihr seid vielmehr geschaffen – o vernimm deinen ehrwürdigen Beruf mit dankbarer Freude über die große Würde desselben! – um beglückende Gattinnen, bildende Mütter und weise Vorsteherinnen des inneren Hauswesens zu werden; Gat-

tinnen, die der ganzen zweiten Hälfte des menschlichen Geschlechts, der männlichen, welche die größeren Beschwerden, Sorgen und Mühseligkeiten zu tragen hat, durch zärtliche Teilnehmung, Liebe, Pflege und Fürsorge das Leben versüßen sollen.'' – Unser Bild aus Pompeji ist 2000 Jahre alt, der zitierte Text 200 Jahre. Was halten Sie vom Fortschritt der Menschheit?

(4) Wer übt in Ihrem Land die folgenden Tätigkeiten aus:

	Mann	Frau
LKW fahren		
ein Büro leiten		
kochen		
für Kinder dasein		
Autos reparieren		
Klavier spielen		
Kranke pflegen		
Briefe tippen		
Wäsche waschen		
Hausaufgaben mit den Kindern machen		
Blumen pflegen		
ein Orchester dirigieren		
mit Kindern spielen und singen		
Blumen zum Strauß binden		

Charakterisieren Sie diese Tätigkeiten. Können Sie die Tätigkeiten der Frauen und die Tätigkeiten der Männer gegeneinander abgrenzen? Gibt es Gründe für die Einteilung, wie sie in Ihrem Land üblich ist?

(5) Kennen Sie die Namen einiger Künsterlinnen? Wahrscheinlich kennen Sie mehr Künstler als Künstlerinnen? Warum? Bilden Sie Hypothesen.

Vier Texte

I

Wie ich auf den Gedanken gekommen bin, meine Gedichte drucken zu lassen, wollen Sie wissen? Ich habe stets eine dunkle Neigung dazu gehabt, warum? und wozu? frage ich mich selten; ich freute

5 mich sehr, als sich jemand fand, der es übernahm,
mich bei dem Buchhändler zu vertreten; leicht und
unwissend, was ich tat, habe ich so die Schranke
zerbrochen, die mein innerstes Gemüt von der
Welt schied; und noch hab ich es nicht bereut,
10 denn immer neu und lebendig ist die Sehnsucht in
mir, mein Leben in einer bleibenden Form auszu-
sprechen, in einer Gestalt, die würdig sei, zu den
Vortrefflichsten hinzutreten, sie zu grüßen und
Gemeinschaft mit ihnen zu haben.
15 Ja, nach dieser Gemeinschaft hat mich stets gelü-
stet, dies ist die Kirche, nach der mein Geist stets
wallfahrtet auf Erden . . .

KAROLINE VON GÜNDERRODE AN CLEMENS BRENTANO
(1804)

II

Es gibt nur zwei Arten recht zu leben, irdisch oder
himmlisch; man kann der Welt dienen, und nüt-
zen, ein Amt führen, Geschäfte treiben, Kinder erziehen, dann lebt man irdisch. Aber man lebt
5 himmlisch in der Betrachtung des Ewigen, Unend-
lichen im Streben nach ihm (eine Art Nonnen-
stand). Wer anders leben will als eine dieser beiden
Arten, der verdirbt.

KAROLINE VON GÜNDERRODE (um 1804)

III

Die Leute sagen, ich sei unnütz, weil ich kein Geschäft treibe, und ich arbeite doch durch den Einfluß, den ich auf manches Gemüt habe, für das Ewige. Wer ein Priester will sein unter den Menschen,
5 darf nicht heucheln; drum kann ich nicht umgehen mit den Pharisäern, drum kann ich die Wahrheit nicht verschweigen. Daß mich meine Zeitgenossen nicht achten, daran liegt mir nichts; wer
einer besseren Lehre anhängt, muß das immer er-
10 fahren, ich werde darum nicht untergehen, haben
doch die Apostel Weib und Kind und alles verlassen und sind Christus gefolgt.

KAROLINE VON GÜNDERRODE (um 1804)

IV

Ich habe diese Nacht einen wunderbaren Traum
gehabt, den ich nicht vergessen kann. Mir war, ich
läg zu Bette, ein Löwe lag zu meiner Rechten, eine
Wölfin zur Linken und ein Bär mir zu Füßen! Alle
halb über mich her und in tiefem Schlaf. Da dachte 5
ich, wenn diese Tiere erwachten, würden sie gegeneinander ergrimmen und sich und mich zerreißen.
Es ward mir fürchterlich bange und ich zog mich
leise unter ihnen hervor und entrann. Der Traum
erscheint allegorisch, was denken Sie davon? . . . 10
Ich wandle in wunderlichen Planen herum. Es ist
mir innerlich unruhig und alles fremd. Sie selbst
sind mir fremd, nicht der Empfindung, sondern
der Kluft nach, die ich zwischen Ihnen und mir
weiß und *deutlicher* einsah. Ich bin wie ausgesto- 15
ßen aus meiner süßen Heimat und bin unter meinen eigenen Gedanken so wenig an meinem Platz
wie diese Nacht unter den Raubtieren, die der seltsame Traum mir zu Genossen gab.

KAROLINE VON GÜNDERRODE AN FRIEDRICH CREUZER
(1805)

Textarbeit

Lesen Sie bitte Text I.

1. Hat die Günderrode schon immer Gedichte geschrieben?

2. Wie gelingt es ihr, die Bücher zu veröffentlichen?

3. Wie war ihr Verhältnis zur Öffentlichkeit ursprüng-
lich und wie veränderte sich dieses Verhältnis?

4. Wer könnten die „Vortrefflichsten" sein und von
welcher Gemeinschaft ist hier wohl die Rede?

5. Vergleichen Sie nun die Zeilen 1–4 mit den Zeilen
15–17:

Die Autorin ist am Anfang des Textes ☐ sicher

☐ unsicher

Am Ende des Textes ist sie ☐ sicher

☐ unsicher

Welcher Prozeß wird hier also dargestellt?

Textarbeit

Lesen Sie bitte Text II und III.

1. Was ist eine „irdische Art" zu leben? Sammeln Sie Elemente: der Welt dienen . . .

2. Was ist eine „himmlische Art" zu leben? Sammeln Sie Elemente: das Ewige betrachten . . .

3. Wie muß – nach Meinung der Autorin – ein Schriftsteller/eine Schriftstellerin leben?

4. Was denkt die Öffentlichkeit über die Schriftstellerin?

5. Die Günderrode hält ihre Arbeit für eine priesterliche Tätigkeit. Zeigen Sie das am Text.

6. Wie hat sich also das Verhältnis der Autorin zur Welt verändert? (Stellen Sie einen Vergleich mit Text I an.)

Textarbeit

Lesen Sie nun Text IV.

1. Wie fühlt sich die Autorin während des Traums?

☐ angstvoll
☐ freudig
☐ friedlich

2. Was können die Raubtiere bedeuten? Bilden Sie Hypothesen.

3. Womit vergleicht die Autorin selbst die Raubtiere?

4. Christa Wolf – die diese Texte kommentiert hat – sagt über diesen Traum*:

Friedrich Creuzer, an den Brief und Frage gerichtet sind, äußert sich nicht zu der Günderrode allegorischem Traum. Die reißenden Tiere, von denen die Frau sich umgeben sieht, mögen ihn erschreckt haben, so wild träumt er wohl nicht. Die Günderrode, eine begabte Träumerin, wird ihren Traum verstanden haben, der ihre Lage so überaus genau beschreibt. Ihre einander ausschließenden Wünsche, Begierden und Leidenschaften – erwachten die, ließe sie die los, sie müßten sie zerreißen.

Johann Heinrich Füßli: Nachtmahr. Füßli (geb. in Zürich 1741, gest. in London 1825) war einer der bedeutendsten Maler der Romantik

5. Text IV besteht aus zwei Teilen. Setzen Sie die beiden Teile zueinander in Beziehung.

6. Das Bild stammt von einem romantischen Maler, einem Zeitgenossen der Günderrode also. Versuchen Sie, Bild und Traum in Beziehung zu setzen!

Unterhaltung

● Wie wirkt sich die Aktivität des Schreibens bei der Günderrode aus?

● Geben Sie den vier Texten Überschriften – und versuchen Sie, alle vier Texte mit einer Überschrift zu benennen.

---

* Karoline von Günderrode: Der Schatten eines Traumes. Hrsg. und mit einem Essay von Christa Wolf. Darmstadt: Luchterhand 1981. S. 33

Zwielicht

Schwierigkeitsgrad B

Text 👓

Zwielicht

Dämmrung will die Flügel spreiten,
Schaurig rühren sich die Bäume,
Wolken ziehn wie schwere Träume –
Was will dieses Graun bedeuten?

5 Hast ein Reh du lieb vor andern,
Laß es nicht alleine grasen,
Jäger ziehn im Wald und blasen,
Stimmen hin und wider wandern.

Hast du einen Freund hienieden,
10 Trau ihm nicht zu dieser Stunde,
Freundlich wohl mit Aug und Munde,
Sinnt er Krieg im tückschen Frieden.

Was heut müde gehet unter,
Hebt sich morgen neugeboren.
15 Manches bleibt in Nacht verloren –
Hüte dich, bleib wach und munter!

EICHENDORFF (1815)

spreiten   = spreizen, ausbreiten
hienieden   = in dieser Welt
tückisch   = gefährlich
sich heben   = sich erheben, aufstehen
sich hüten   = vorsichtig sein, aufpassen

Textarbeit

Jeder der folgenden Begriffe paßt auf eine Stelle im Gedicht; finden Sie die Zusammenhänge:
Zuversicht   blindes Vertrauen   Aufruf zur Kritik
Sorglosigkeit   Ermunterung   nahende Gefahr
die Gerüchte   Warnung vor Naivität

Unterhaltung

Prüfen Sie sorgfältig: welcher der folgenden Sätze stimmt genau mit den Ideen des Gedichts überein? welche verwischen sie?

(1) Man soll seinen Freunden mißtrauen.
(2) Man soll seinen Geliebten nie allein lassen.
(3) Man soll immer kritisch bleiben.
(4) Man soll seinen Freunden nicht vertrauen, wenn gefährliche Einflüsse in der Nähe sind.
(5) Man soll nie blind vertrauen.
(6) Das Negative ist immer das stärkere.
(7) Man soll besonders auf dunkle Träume achten.
(8) Jeder Mensch ist Einflüssen ausgesetzt.
(9) Es gibt mehr Räuber um uns, als wir wissen.
(10) Unsere Urteile und Entscheidungen hängen oft von der Beleuchtung ab.

Redeübung

a Suchen Sie ein Beispiel für die Abläufe, vor denen Eichendorff warnt: in Ihrem eigenen Leben, im Leben von Menschen, die Sie kennen, oder in einer Geschichte, die Sie gelesen haben. Machen Sie sich Notizen und erzählen Sie frei.

b Eichendorff hat für sein Thema das Bild des Zwielichts gewählt. Man kann auch ein anderes Bild finden, z. B. den Sturm, den Abgrund . . . Wählen Sie ein anderes Bild und erläutern Sie es.

c Bei dem romantischen Maler Caspar David Friedrich kann man Bilder finden, die einen ähnlichen Gedanken malerisch ausdrücken. Aufgabe: eine kleine Gruppe findet in einem Kunstbuch die Bilder, von denen die Rede ist, und erklärt sie der Klasse.

Ein Sohn geht fort . . .

Schwierigkeitsgrad A

Text

Das Rad an meines Vaters Mühle brauste und rauschte schon wieder recht lustig, der Schnee tröpfelte emsig vom Dache, die Sperlinge zwitscherten und tummelten sich dazwischen; ich saß
5 auf der Türschwelle und wischte mir den Schlaf aus den Augen; mir war so recht wohl in dem warmen Sonnenscheine. Da trat der Vater aus dem Hause; er hatte schon seit Tagesanbruch in der Mühle rumort und die Schlafmütze schief auf dem Kopfe, der sag-
10 te zu mir: Du Taugenichts! da sonnst du dich schon wieder und dehnst und reckst dir die Knochen müde und läßt mich alle Arbeit allein tun. Ich kann dich hier nicht länger füttern. Der Frühling ist vor

der Tür, geh auch einmal hinaus in die Welt und erwirb dir selber dein Brot. – Nun, sagte ich, wenn ich 15 ein Taugenichts bin, so ists gut, so will ich in die Welt gehn und mein Glück machen.

Ich ging also in das Haus hinein und holte meine Geige, die ich recht artig spielte, von der Wand, mein Vater gab mir noch einige Groschen mit auf 20 den Weg, und so schlenderte ich durch das lange Dorf hinaus. Ich hatte recht meine heimliche Freude, als ich da alle meine alten Bekannten und Kameraden rechts und links, wie gestern und vorgestern und immerdar, zur Arbeit hinausziehen, 25 graben und pflügen sah, während ich so in die freie Welt hinausstrich. Ich rief den armen Leuten nach allen Seiten recht stolz und zufrieden Adjes zu, aber es kümmerte sich eben keiner sehr darum. Mir war es wie ein ewiger Sonntag im Gemüte. 30

JOSEPH VON EICHENDORFF

Anfang der Novelle *Aus dem Leben eines Taugenichts* (1826)

Den Text auf der Cassette spricht der bekannte österreichische Schauspieler Walther Reyer

Das richtige Wort

Suchen Sie (möglichst zu zweit) die folgenden Wörter im Text. Schauen Sie sich den Satz an, in dem das Wort steht, und tragen Sie es dann in die Tabelle ein.

der Sperling – sich dehnen – sich sein Brot erwerben – hinausschlendern – brausen – sich recken – zwitschern – hinausstreichen – rauschen – hinausziehen

Streichen Sie die verwendeten Wörter – wie bei einem Silbenrätsel – gleich aus!

Geräusch des Wassers	Vogelart	Vogelstimme
Arme und Beine strecken	arbeiten/Arbeit	hinausgehen

Unterhaltung

Auf wen treffen die Behauptungen zu? Kreuzen Sie an:

		Vater	Sohn	Sie
1.	schläft gern lange und steht spät auf			
2.	steht früh auf			
3.	arbeitet sehr viel			
4.	liegt gerne faul in der Sonne			
5.	mag nicht, daß andere nicht arbeiten			
6.	ist nicht gerne zu Hause			
7.	will nicht für faule Leute sorgen			
8.	reist gerne			
9.	liebt Musik			
10.	bedauert die Leute, die nur ihre Arbeit kennen			
11.	schimpft viel			
12.	liebt die Natur			
13.	ist immer fröhlich und zufrieden			
14.	ist oft schlecht gelaunt			
15.	liebt die Freiheit			

- Vergleichen Sie Ihre Kreuze zu „Vater" und „Sohn" mit den Kreuzen Ihres Nachbarn. Wenn die Kreuze nicht übereinstimmen, müssen Sie sich den Text noch einmal anschauen.
- Geben Sie Ihren Mitschülern an Hand der Ankreuzungen in der Tabelle einen Bericht über
  a) den Vater
  b) den Sohn!
- Lesen Sie in der Ich-Form die Aussagen vor, die Ihrer Meinung nach auf Sie selbst zutreffen. Ihre Mitschüler sollen entscheiden, ob Sie mehr Ähnlichkeit mit dem Vater oder mit dem Sohn haben. Welche Ähnlichkeit wäre Ihnen angenehmer? Warum?

Textarbeit

Lesen Sie den Text zweimal durch und legen Sie ihn weg. Überprüfen Sie Ihr Textverständnis, indem Sie die richtigen Antworten auf die folgenden acht Fragen einkreisen. In einigen Fällen sind mehrere Antworten nötig.

Welchen Beruf hat
der Vater?

| Bäcker |
| Bauer |
| Müller |
| Schmied |

Welche Jahreszeit
ist gerade?

| Frühling |
| Sommer |
| Herbst |
| Winter |

Wo wohnen
Vater und Sohn?

| Bauernhof |
| Dorf |
| Kleinstadt |
| Mühle |

Wo fühlt sich
der Sohn wohl?

| bei seinen Kameraden |
| auf Reisen |
| in der Sonne |
| in der freien Welt |

Was sucht der
Sohn in der Welt?

| Reichtum |
| sein Glück |
| Arbeit |
| eine Frau |

Was gibt der Vater
dem Sohn mit auf
die Reise?

| Brot |
| gute Ratschläge |
| etwas Geld |
| einen Esel |

Was fühlt der
Sohn, als er
fortgeht?

| Trauer |
| Freude |
| Stolz |
| Zufriedenheit |

Welches Instrument
spielt der Sohn?

| Trompete |
| Mundharmonika |
| Flöte |
| Geige |

– Vergleichen Sie gemeinsam die eingekreisten Antworten und korrigieren Sie die Fehler.
– Geben Sie – an Hand der Stichwörter in Ihrer Tabelle – einen kurzen mündlichen Bericht über den Inhalt des Textes. Sie sollten dabei aber nicht wieder in den Text schauen.

Werkstatt

Fügen Sie die folgenden 10 Gesprächselemente zu einem Dialog zwischen dem Taugenichts und seinem Vater zusammen.
Sie müssen vorher festlegen, was der Sohn und was der Vater spricht.

V | S

– Wie meinst du das?

– Alles muß ich allein machen!

– Ich werde mein Glück schon machen. Wo ist meine Geige?

– Ich habe keine Lust mehr, dich zu füttern!

– Fang endlich an zu arbeiten, du Faulpelz!

– Faulenzer haben in meinem Haus nichts zu suchen!

– Aus dir wird garantiert nichts!

– Ich bin noch so müde!

– Es ist so schön in der Frühlingssonne.

– So ist das also! Dann geh ich eben fort. Zu Hause ist es mir sowieso langweilig.

D = Schmerz verbergen
C = " offen zeigen

3

Fertigen Sie für den Dialog auf einem Din-A4-Blatt folgendes Schema an, und tragen Sie links ein, was der Vater sagt, und rechts, was der Sohn antwortet:

Vater	Sohn

Text

In seinem einundzwanzigsten Jahre gab ihm der Vater ein Päckchen mit Goldstücken, einen Empfehlungsbrief, viele gute Lehren, und sandte ihn mit all dem in die Hauptstadt. „Veit", hatte er gesagt,
5 „Du hast nun von mir genug gelernt, ich weiß nichts mehr weiter, Du mußt nun in die Welt gehen und das Deine tun. . . . schau auf das Geld, wir haben nicht viel; aber was ein ehrlicher Mann braucht, werde ich Dir immer senden; sieh zu, daß
10 Du noch etwas lernest, so Dir gut tut, dann aber mußt Du etwas auswirken, sei es, was es wolle, ich rede Dir da nichts ein, aber gut muß es sein . . . hörst Du, Veit!" – . . .
Mit diesen Worten waren sie bereits in den Garten
15 hinausgekommen, und gingen zwischen Bäumen und an Blumenbeeten entlang, der Rappe stand am Gitter, von dem traurigen Knechte gehalten, der

alte Krieger wollte grimmig dareinschauen, um sich selber zu Hilfe zu kommen; aber wie er dem
20 Sohne, der bisher stumm und standhaft den Schmerz niedergekämpft hatte, die Hand gab, und nun sah, daß dessen gute, junge und unschuldige Augen plötzlich voll Wasser anliefen, so kam auch in die starren, eisengrauen Züge des alten Mannes
25 ein plötzliches Zucken, er konnte nur noch ganz verstümmelt die Worte „dummer Hasenfuß" herausbringen, und brach dann in ein lautes Weinen aus; aber er kehrte sich sogleich ab, und mit den Armen unwillig gestikulierend ging er in den Garten
30 zurück. Hugo sah es nicht mehr, wie der verlassene Mann, um sich seinem Anblicke zu entziehen, in die allererste Laube hineinging, und dort die Hände über dem Haupte zusammenschlug; sondern er ließ sich von dem Knechte die Steigbügel halten,
35 schwang sich auf, und er ritt mit fester Haltung den Berg hinab, weil er meinte, der Vater sehe ihm nach; aber als er unten angekommen war, und die Haselgesträuche ihn deckten, so ließ er dem Herzen Luft und wollte sich halb tot weinen vor ungebändigtem Schmerz. Er hörte noch das Dorfglöck-
40 lein klingen, wie es in die Frühmesse läutete, neben ihm rauschte das grüne, klare Wasser des Gebirgsbaches. Das Glöcklein klang, wie es ihm zwanzig Jahre geklungen, der Bach rauschte, wie er
45 zwanzig Jahre gerauscht – und beide Klänge gossen erst recht das heiße Wasser in seine Augen. „Ob es denn", dachte er, „in der ganzen Welt einen so lieben Ort und einen so lieben Klang geben könne, – und ob ich denn nur noch einmal in meinem Le-
50 ben diesen Klang wieder hören werde ." –
Schlag auf Schlag tönte das Glöcklein, als ob es ihm das Lebewohl nachriefe, aber endlich hörte es auf, nur der Bach sprang und hüpfte neben ihm her, und rauschte und plauderte fort, der Jüngling
55 dachte: „grüße mir den Vater und das Grab der Mutter, du liebes Wasser"; aber er bedachte nicht, daß ja die Wellen nicht zurückflossen, sondern mit ihm denselben Weg hinausgingen in die Länder der Menschen.

ADALBERT STIFTER

Aus der Erzählung *Das alte Siegel.* Urfassung (1844)

Textarbeit

Ratschläge des Vaters an den Sohn, der das Haus verläßt

heute	früher	Zeile
ich kann dir nichts mehr beibringen		
du mußt dich nun selber anstrengen		
sei sparsam		
ich werde dir das Notwendigste schicken		
lerne etwas Nützliches		
dann aber mußt du es zu etwas gebracht haben		
ich möchte dich in deiner Entscheidung nicht beeinflussen		

Welche Ratschläge und Warnungen könnte ein besorgter Vater dem Sohn sonst noch mit auf den Weg geben?

Textarbeit

Wie werden die Menschen mit ihrem Abschiedsschmerz fertig? Suchen Sie Belege für folgende Verhaltensweisen:

sie versuchen den Schmerz zu verbergen	sie zeigen den Schmerz offen

Schauen Sie sich diese Stellen noch einmal im Textzusammenhang an:
- Wann zeigen die Menschen ihren Schmerz offen?
- Wann versuchen sie ihren Schmerz zu verbergen?
- Warum verhalten sie sich so unterschiedlich?

Textarbeit

Vergleichen Sie Stifters Veit und Eichendorffs Taugenichts:

| VEIT fällt der Abschied schwer | | TAUGENICHTS fällt der Abschied leicht |

WARUM?

Begründen Sie die beiden Aussagen mit Hilfe der Stichwörter in ganzen Sätzen!

Glückssuche

Frühling

das immer gleiche Leben im Dorf

Angst die Heimat nicht wiederzusehen

vertraute Landschaft

strenger Vater

Sonne

freie Welt

gewohnte Klänge

Liebe zum Heimatort

zurückgelassener Vater

Arbeit zu Hause

Grab der Mutter

Unterhaltung

Vergleichen Sie nun die beiden Geschichten. Finden Sie gemeinsam möglichst viele Begründungen: Veit zieht in die Welt hinaus, weil . . . Der Taugenichts zieht in die Welt hinaus, weil . . .

Unterstreichen Sie im Taugenichts-Text alle Gefühlsäußerungen.

– Wann zeigt der Taugenichts Gefühle?
– Worüber freut er sich/ist er traurig?
– Welche Gefühle, die man in dieser Situation eigentlich erwartet, fehlen völlig?

Was bedeuten für

	den Taugenichts	Veit
Heimat (Vaterhaus)		
Ferne (die Welt)		

Schnee

Schwierigkeitsgrad B

Text

Ein chinesischer Philosoph erblickte im Schnee
die Fußtritte eines Vogels. Er blieb stehen und ließ
seine Augen lange auf den zierlichen Spuren ruhen.
Da versank er in tiefes Nachdenken. Ein Jahr später
5 – die Fußtritte waren verweht, der Schnee ge-
schmolzen – schrieb er 540 Zeichen nieder. So
wurde die Schrift erfunden.

CHINESISCHE LEGENDE

Gedankenspiele

Die chinesische Geschichte ist durchsichtig und einfach wie ein chinesisches Bild: ein Gedanke kommt,
berührt die Erde, geht wieder. Er hat eine Spur zurück-
gelassen, die Schrift.

1 Gefällt Ihnen die Legende?

2 Man könnte sich andere Legenden ausdenken. Es
muß kein Vogel sein, der die Gedanken bringt. Es
könnte sein: ein Kind, der Schatten, der Wind, ein
Feuer, ein Tier, ein Blitz . . . Erfinden Sie andere
Legenden.

3 „Bringe meine Kreise nicht durcheinander!'' soll
der griechische Mathematiker Archimedes verär-
gert zu einem unerwünschten Zuschauer gesagt
haben. Warum? Wer kennt die Geschichte? Erzählen Sie sie.

4 Das wichtigste Schreibinstrument war früher die
Feder. Hat sie nicht irgendetwas mit unserer chinesischen Legende zu tun?

Das richtige Wort

Von welchen Verben kommen die folgenden Nomen:
der Aufstieg, der Flug, der Gedanke, die Schrift, der
Tritt, die Zierde.

Lösung der Wortbildungsaufgabe:
kugelrund federleicht blutrot blutjung pfeilgerade pfeil-
schnell turmhoch steinhart blitzgescheit blitzschnell

Das richtige Wort

Wenn man die Wörter links und rechts zusammensetzt, erge-
ben sich bildhafte „Superlative'', z. B. *blitzgescheit:*

	alt
Kugel	weiß
Feder	gerade
Blut	rot
Pfeil	hoch
Schnee	schnell
Turm	leicht
Stein	rund
Blitz	gescheit
	jung
	hart

Text

Zierlich ist des Vogels Tritt im Schnee,
Wenn er wandelt auf des Berges Höh:
Zierlicher schreibt Liebchens liebe Hand,
Schreibt ein Brieflein mir in ferne Land'.

In die Lüfte hoch ein Reiher steigt,
Dahin weder Pfeil noch Kugel fleugt: 5
Tausendmal so hoch und so geschwind
Die Gedanken treuer Liebe sind.

EDUARD MÖRIKE (1837)

die Zierde – der Schmuck
der Reiher – ein Raubvogel, der in der Nähe von Flüssen oder
Seen lebt
„fleugt'': – altertümlich für: fliegt

Textarbeit

1 Das Gedicht enthält zwei Vergleiche, handelt also
von vier Dingen. Nämlich von

2 Das Gedicht nennt auch die gemeinsamen Eigenschaften der verglichenen Dinge, und zwar

3 Mörike vergleicht Erscheinungen der Natur mit
dem, was der Mensch tut. Das Gedicht fügt aber
eine wichtige Unterscheidung oder Wertung ein.
Welche?

4 Es ist nicht zufällig, daß Mörike das Bild des Vogels
wählt. Warum?

5 Der besondere Kunstgriff des Gedichts ist, daß
Mörike außerordentlich schöne Naturbilder wählt.
Er möchte damit besonders hervorheben:

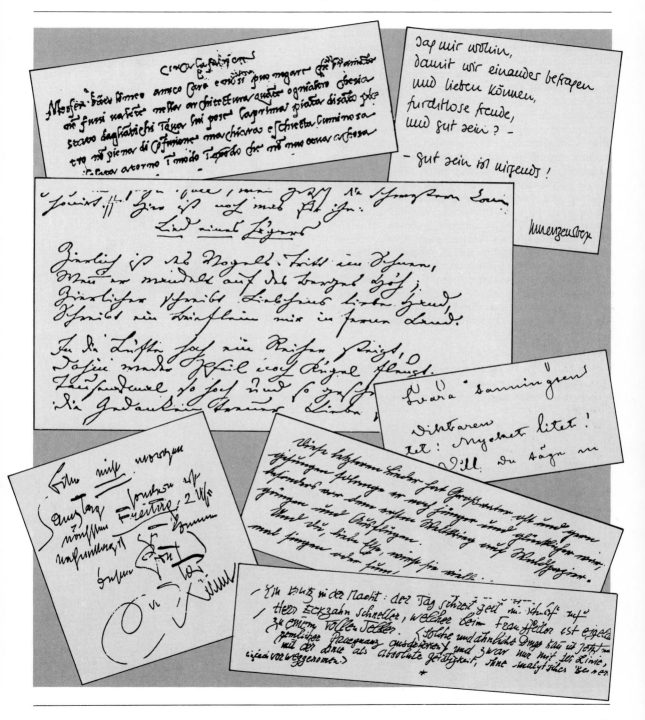

4. Kurs: Wiener Komödie

Die Wiener Komödie der Jahre 1820–1850 ist ein Kind der italienischen *commedia dell'arte*. Man muß sie außerhalb der literarischen Zeitströmungen (wie Klassik, Romantik, Realismus) sehen. Ihre beiden Köpfe sind Ferdinand Raimund (1790–1836) und Johann Nepomuk Nestroy (1801–1862). Beide waren echte Theatermenschen und haben in ihren Stücken stets selber mitgespielt. Beide schrieben für das Vorstadttheater, dachten und dichteten also für die Menschen in der Vorstadt. Raimunds Zauberstücke tragen noch Züge der Romantik, die aber durch seine derbe, gesunde Komik immer wieder vergessen, oft auch verspottet wird. Nestroys Humor ist schärfer, bitterer. Seine Welt ist ungemütlicher. Wahrscheinlich ist Nestroy der „größte deutsche Komödienschreiber" (F. H. Mautner). Über Nestroy sagt Hermann Bahr: „Man sagt wohl von ihm, daß ihm nichts heilig gewesen ist. Deutlicher müßte man sagen, daß er ein ganz neuer Mensch gewesen ist, der nichts von der Vergangenheit in sich hatte . . . Er hat in einer Zeit der Erneuerung aus ganz leisen und behutsamen Anfängen Dinge vernommen, die später erst reif wurden".

Ferdinand Raimund, 1835, in seinem bekanntesten Volksstück *Der Bauer als Millionär*

Johann Nestroy als Tratschmiedl in seiner Posse *Tritsch-Tratsch*. Fotografie 1860

Nestroy spielt den Bedienten Tiburtius Hecht in seinem Stück *Der Affe als Bräutigam*. 1836

Ketten

Schwierigkeitsgrad C

Text

Was haben wir alles für Freiheiten g'habt! Überall
auf'n Land und in den Städten zu gewissen Zeiten
Marktfreiheit. Auch in der Residenz war Freiheit, in
die Redoutensäle nämlich die Maskenfreiheit.
5 Noch mehr Freiheit in die Kaffeehäuser; wenn sich
ein Nichtsverzehrender ang'lehnt und die Pyra-
midler geniert hat, hat der Markör laut und öffentlich g'schrien: Billardfreiheit! Wir haben sogar Ge-
dankenfreiheit g'habt, insofern wir die Gedanken
10 bei uns behalten haben. Es war nämlich für die Gedanken eine Art Hundsverordnung. Man hat s' haben dürfen, aber am Schnürl führen! – Wie man's
loslassen hat, haben s' einem s' erschlagen. Mit einem Wort, wir haben eine Menge Freiheiten ge-
15 habt, aber von Freiheit keine Spur. Na, das is anders
geworden und wird auch in Krähwinkel anders
werden. Wahrscheinlich werden dann von die
Krähwinkler viele so engherzig sein und nach Zer-
sprengung ihrer Ketten, ohne gerade Reaktionär'
20 zu sein, dennoch kleinmütig zu raunzen anfangen:
„O mein Gott, früher is es halt doch besser gewesen" . . . und die Dichter haben ihre beliebteste
Ausred' eingebüßt. Es war halt eine schöne Sach',
wenn einem nichts eing'fallen is und man hat zu
25 die Leut' sagen können: „Ach Gott! Es ist schreck-
lich, sie verbieten einem ja alles."

JOHANN NESTROY

Aus Freiheit in Krähwinkel (1848)

Marktfreiheit	=	das Recht eines Ortes, einen (Obst-, Gemüse-) Markt abzuhal-ten (veraltet)
in die Redoutensäle	=	in den Tanzsälen (Akkusativ hier österreichisch statt Dativ)
ein Nichtsverzehrender	=	einer, der keine Speisen bestellt
Markör	=	Schiedsrichter beim Billardspiel

Schnürl	=	Schnur, Leine, mit der man den Hund festhält
wie man's loslassen hat	=	wenn man die Gedanken frei lau-fen ließ
haben s' einem s' er-schlagen	=	haben sie einem die Gedanken getötet
raunzen	=	klagen
einbüßen	=	verlieren
die Ausrede	=	schlechte Entschuldigung

Unterhaltung

Nestroy deutet an, daß es zwei Arten von Freiheiten gibt, nämlich

Stellen Sie zwei Listen zusammen und ergänzen Sie Nestroys Beispiele mit viel Phantasie durch möglichst viele weitere, zum Beispiel aus den Bereichen Sport, Kinderspiel, Geld, Politik, Kirche, Zeitung.

Textarbeit

● Statt „Hundsverordnung" hätte Nestroy auch Ka-narienvogelverordnung, Karpfenverordnung oder Stierverordnung sagen können. Formulieren Sie das ähnlich wie Nestroy.
● Statt von Ketten hätte Nestroy von Türen, Gittern oder Mauern sprechen können, etwa so . . .
● Statt die Dichter hätte Nestroy auch die Forscher, die Jäger oder die Journalisten erwähnen können. Zum Beispiel so . . .

Textarbeit

● Unser Textausschnitt besteht aus vier Teilen: Nestroys Spott richtet sich an vier Adressen. An folgende (bitte nennen und genauer charakteri-sieren).
● „Maskenfreiheit" und „Hundsverordnung" sind hintergründige Worte. Und zwar
● Die Worte „Reaktion", „kleinmütig" und „Aus-red" deuten die Schwierigkeiten der Demokratie an. Freiheit ist eine schwierige Aufgabe, denn

5. Kurs: Literatur und Sozialismus

Personal=Beschreibung.
Alter: 21 Jahre,
Größe: 6 Schuh, 9 Zoll neuen Hessischen
  Maaßes,
Haare: blond,
Stirne: sehr gewölbt,
Augenbraunen: blond,
Augen: grau,
Nase: stark,
Mund: klein,
Bart: blond,
Kinn: rund,
Angesicht: oval,
Gesichtsfarbe: frisch,
Statur: kräftig, schlank,
Besondere Kennzeichen: Kurzsichtigkeit.

Georg Büchner (1813–1837), neben Bertolt Brecht zweifellos der bedeutendste deutsche Dramatiker, schrieb die revolutionären Theaterstücke *Dantons Tod* (1835) und *Woyzeck* (1836), die Novelle *Lenz* (1836) und die romantisch-absurde Komödie *Leonce und Lena* (1836). Daneben war er Anatom, Historiker und Herausgeber der ersten deutschen sozialistischen Kampfschrift *Der Hessische Landbote* (1834). Ihr Motto: „Friede den Hütten! Krieg den Palästen!" Der Verfolgung durch die deutsche Polizei wich Büchner ins Elsaß und in die Schweiz aus, wo er vierundzwanzigjährig an Typhus starb. Sein Theaterfragment *Woyzeck* wurde erst 1913 uraufgeführt.

◀

Der Steckbrief, mit dem Georg Büchner 1835 von der Polizei gesucht wurde

Heinrich Heine, wohl fünfzehnjährig

Georg Weerth

Heinrich Heine (1797–1856). Die romantischen Lieder, die ihn populär gemacht haben, sind eigentlich nicht typisch für ihn. Typisch ist, daß er gerade diese Romantik oft ironisiert, sich witzig davon distanziert. Wichtiger als die Gedichte ist seine brillante, oft satirische Prosa, seine engagierte Stellungnahme für den Sozialismus und seine Deutschlandkritik:

Denk ich an Deutschland in der Nacht,
Dann bin ich um den Schlaf gebracht . . . (1843).

1824 *Harzreise*. 1827 *Buch der Lieder*. 1833 *Französische Zustände*. 1844 *Deutschland, ein Wintermärchen*.

Georg Weerth, 1822 in Detmold geboren, lernte die Armut deutscher Bauern und Handwerker von innen kennen und studierte Arbeiterschicksale und Anfänge des englischen Sozialismus im Industriegebiet um Manchester. Er arbeitete mit Marx und Engels zusammen und gab die sozialistische *Neue Rheinische Zeitung* heraus, die nur ein Jahr lang erscheinen durfte. Er starb 1856 in Havanna. Weerth schrieb satirische Prosa und politische Gedichte.

Texte von Heine finden Sie Seite 11, 40–42, 57

„Nachtgedanken" aus den
Zeitgedichten

Tinte

Schwierigkeitsgrad C

„Laut denken"

Sie sehen hier zwei Masken, wie sie von den griechischen Theaterschauspielern vor 2000 Jahren beim Spielen getragen wurden. Was für Gefühle sollen sie ausdrücken?

● Malen Sie noch mehr solche Masken, und zwar für alle möglichen Gefühle, die Ihnen einfallen: Ärger, Spott, Strenge, Lächeln, Freude . . .
● Nennen Sie Gelegenheiten, bei denen heute noch Masken getragen werden. Warum? Sollen die Masken etwas ausdrücken oder etwas verbergen?
● Eine der Aufgaben der Kunst ist, hinter die Masken zu sehen. Heißt das nur, die Masken des Theaters? Oder gibt es auch im „normalen" Leben Masken? Versuchen Sie zu beschreiben, wann ein Mensch eine Maske trägt, zum Beispiel im Bereich

    der Politik
    der gesellschaftlichen Karriere
    der bürgerlichen Moral
    des Kriegführens
    des Geldbesitzes.

Text 👓

LEONCE Ach, Valerio, hast du es gehört?

VALERIO Nun, Sie sollen König werden. Das ist eine lustige Sache. Man kann den ganzen Tag spazieren fahren und den Leuten die Hüte verderben durchs viele Abziehen, man kann aus ordentlichen Menschen ordentliche Soldaten ausschneiden, so daß alles ganz natürlich wird, man kann schwarze Fräcke und weiße Halsbinden zu Staatsdienern machen, und wenn man stirbt, so laufen alle blanken Knöpfe blau an, und die Glockenstricke reißen wie Zwirnsfäden vom vielen Läuten. Ist das nicht unterhaltend?

LEONCE Valerio! Valerio! Wir müssen was anderes treiben. Rate!

VALERIO Ach, die Wissenschaft, die Wissenschaft! Wir wollen Gelehrte werden! A priori? Oder a posteriori?

LEONCE A priori, das muß man bei meinem Herrn Vater lernen, und a posteriori fängt alles an, wie ein altes Märchen: Es war einmal.

VALERIO So wollen wir Helden werden! *Er marschiert trompetend und trommelnd auf und ab.* Trom – trom – pläre – plem!

LEONCE Aber der Heroismus fuselt abscheulich und bekommt das Lazarettfieber und kann ohne Leutnants und Rekruten nicht bestehen. Pack dich mit deiner Alexanders- und Napoleonsromantik!

VALERIO So wollen wir Genies werden!

LEONCE Die Nachtigall der Poesie schlägt den ganzen Tag über unserm Haupt, aber das Feinste geht zum Teufel, bis wir ihr die Federn ausreißen und in die Tinte oder die Farbe tauchen.

VALERIO So wollen wir nützliche Mitglieder der menschlichen Gesellschaft werden!

LEONE Lieber möchte ich meine Demission als Mensch geben.

VALERIO So wollen wir zum Teufel gehen!

LEONCE Ach, der Teufel ist nur des Kontrastes wegen da, damit wir begreifen sollen, daß am Himmel doch eigentlich etwas sei. *Aufspringend* Ah, Valerio, Valerio, jetzt hab ich's! Fühlst du nicht das Wehen

aus Süden? Fühlst du nicht, wie der tiefblaue, glühende Äther auf und ab wogt, wie das Licht blitzt
45 von dem goldnen, sonnigen Boden, von der heiligen Salzflut und von den Marmorsäulen und -leibern? Der große Pan schläft, und die ehernen Gestalten träumen im Schatten über den tiefrauschenden Wellen von dem alten Zaubrer Virgil, von Tarantella und Tamburin und tiefen, tollen
50 Nächten voll Masken, Fackeln und Gitarren. Ein Lazzaroni! Valerio, ein Lazzaroni! Wir gehen nach Italien.

GEORG BÜCHNER

Leonce und Lena (1836). 1. Akt, 3. Szene

einen Hut abziehen	= einen Hut absetzen
der Frack	= sehr offizielle Herrenjacke (oft von Kellner, Musikern getragen)
die Halsbinde	= Krawatte
anlaufen, hier:	= die Farbe verändern
der Held	= Krieger, Heroe (wie etwa Achill, Herakles)
fuseln	= nach Schnaps riechen
das Lazarettfieber	= Krankheit, die viele Soldaten im Lazarett bekamen (Lazarett = Soldatenklinik)
pack dich!	= geh weg!
Demission geben	= um Entlassung bitten

Textarbeit

1 Der König ist (wie Büchner ihn schildert) ein Schreckgespenst (Popanz). Der Held ist . . .

2 Büchner zeigt das Lächerliche der erhabenen Dinge:

erhaben	lächerlich
Respekt vor dem König Soldaten	Hüte absetzen

3 Welche Rolle spielt Valerio?

4 Leonce und Lena ist eine Art märchenhaftes Kabarett. Versuchen Sie, das Märchenhafte zu charakterisieren.

5 Entwerfen Sie gemeinsam die Bühne, auf der diese Szene gezeigt werden sollte.

Der Text auf der Cassette wird gesprochen von den bekannten österreichischen Schauspielern Werner Krauss (Valerio) und Oskar Werner (Leonce)

Haifische

Schwierigkeitsgrad B

Text

Die Börse . . . das schöne Marmorhaus, erbaut im edelsten griechischen Stile, und geweiht dem nichtswürdigsten Geschäfte, dem Staatspapierschacher. Es ist das schönste Gebäude von Paris . . .
5 Hier, in dem ungeheuren Raume der hochgewölbten Börsenhalle, hier ist es, wo der Staatspapierschacher, mit allen seinen grellen Gestalten und Mißtönen, wogend und brausend sich bewegt, wie ein Meer des Eigennutzes, wo aus den wüsten Menschenwellen die großen Bankiers gleich Haifi-
10 schen hervorschnappen, wo ein Ungetüm das andere verschlingt, und wo oben auf der Galerie, gleich lauernden Raubvögeln auf einer Meerklippe, sogar spekulierende Damen bemerkbar sind. Hier ist es jedoch, wo die Interessen wohnen, die in
15 dieser Zeit über Krieg und Frieden entscheiden. Daher ist die Börse auch für uns Publizisten so wichtig. Es ist aber nicht leicht, die Natur jener Interessen, nach jedem einwirkenden Ereignisse, genau zu begreifen, und die Folgen danach würdigen
20 zu können. Der Kurs der Staatspapiere und des Diskontos ist freilich ein politischer Thermometer, aber man würde sich irren, wenn man glaubte, dieser Thermometer zeige den Siegesgrad der einen oder der anderen großen Fragen, die jetzt die
25 Menschheit bewegen . . . Weder Sein noch Nicht-

sein, sondern <u>Ruhe oder Unruhe</u>, ist die große Frage der Börse. Danach richtet sich auch der Diskonto. In unruhiger Zeit ist das Geld ängstlich, zieht
30 sich in die Kisten der Reichen, wie in eine Festung, zurück, hält sich eingezogen; der Diskonto steigt. In ruhiger Zeit wird das Geld wieder sorglos, bietet sich preis, zeigt sich öffentlich, ist sehr herablassend; der Diskonto ist niedrig.
35 So ein alter Louisdor hat mehr Verstand als ein Mensch.

HEINRICH HEINE

Aus: *Französische Zustände*. 27. 5. 1832

geweiht, hier	= geopfert
der Schacher	= schmutziger Handel
verschlingen	= fressen
lauern	= gefährlich warten
würdigen	= richtig verstehen
die Kisten, hier	= Geldschränke
eingezogen	= zu Haus verborgen
herablassend	= arrogant-freundlich
Louisdor	= Goldmünze

Diskonto

Die Pariser Börse. 1867

Textarbeit

● Humor und Geist dieses Autors können Sie daran erkennen, daß in seiner Hand alles zur lebendigen Gestalt wird. Sie finden leicht die vier Schwerpunkte heraus: Börse – Geldleute – Frauen – Geld. Heine schildert das in vier großen Bildern, studieren Sie, wie genau diese Bilder zutreffen.

● Aus diesem Text können Sie ableiten, wie Heine über die Politik denkt,

● wie er über die Reichen denkt

● und wie für ihn die „großen Fragen" vermutlich lauten.

● Die von der Staatsbank betriebene Diskontpolitik soll die wirtschaftliche Konjunktur steuern. (Diskonto steigt = Bankzinsen steigen. Diskonto fällt = Bankzinsen fallen.) Lassen Sie sich von einem Fachmann die Zusammenhänge genauer erläutern oder informieren Sie sich in einem Fachbuch und klären Sie die restlichen Fragen in der Klasse.

● Worin besteht (neben der scharfen Beobachtung der Geldleute) <u>der gedankliche Angriff Heines?</u> Der „Thermometer" Börse orientiert sich nicht nach der Entwicklung der wesentlichen geistigen Dinge, sondern nach der äußeren <u>Ruhe oder Unruhe.</u> Denn das Geld ist immer in Händen der Besitzenden, und sie haben ein Interesse daran, daß . . .

Unter Tage

Schwierigkeitsgrad B

👓

Arme Armut! wie peinigend muß dein Hunger
sein, dort wo andre im höhnenden Überflusse
schwelgen! Und hat man dir auch mit gleichgülti-
ger Hand eine Brotkruste in den Schoß geworfen,
5 wie bitter müssen die Tränen sein, womit du sie er-
weichst! Du vergiftest dich mit deinen eignen Tränen. Wohl hast du recht, wenn du dich zu dem Laster und dem Verbrechen gesellst. Ausgestoßene
Verbrecher tragen oft mehr Menschlichkeit im
10 Herzen, als jene kühlen, untadelhaften Staatsbür-
ger der Tugend, in deren bleichen Herzen die Kraft
des Bösen erloschen ist, aber auch die Kraft des Guten. Und gar das Laster ist nicht immer Laster. Ich
habe Weiber gesehen, auf deren Wangen das rote
15 Laster gemalt war und in ihrem Herzen wohnte
himmlische Reinheit.

HEINRICH HEINE
Aus *Englische Fragmente*

Heinrich Heine: Werke. Frankfurt: Insel 1968. II,437 f.

peinigend	= schmerzvoll
der Hohn	= Spott
schwelgen	= viel essen und trinken, genußreich leben
die Kruste	= hart gewordene Oberfläche, Rinde
das Laster	= schlechte Gewohnheit
untadelhaft	= ohne Fehler
erloschen	= tot

👓

Die hundert Bergleute von Haswell,
Die starben an einem Tag!
Die starben zu einer Stunde!
Die starben auf einen Schlag!

5 Und als sie still begraben,
Da kamen wohl hundert Fraun,
Wohl hundert Fraun von Haswell,
Gar kläglich anzuschaun.

Sie kamen mit ihren Kindern,
10 Sie kamen mit Tochter und Sohn:
„Du reicher Herr von Haswell,
Nun gib uns unsern Lohn!"

Der reiche Herr von Haswell,
Der stand nicht lange an:
Er zahlte wohl den Wochenlohn   15
Für jeden verunglückten Mann.

Und als der Lohn bezahlet,
Da schloß er die Kiste zu.
Die eisernen Riegel klangen –
Die Weiber weinten dazu.   20

GEORG WEERTH (1846)
Gedichte Teil IV: *Die Not*

kläglich	= traurig
anstehen	= warten
die Kiste, hier	= Geldschrank

Hier geschieht die Förderung durch vierrädrige Wagen, die von kleinen Knaben, putters genannt, gezogen werden. Wie die Zugtiere sind diese armen Wesen vor die Wagen geschirrt. Einen Ledergürtel um den Leib, von dem eine eiserne Kette zu dem mit Kohlen beladenen Wagen hingeht, so ziehen, auf Hand und Fuß, die Knaben das Gefährt über den unebenen, mit Steinen, Schlamm und Wasser bedeckten Boden. Wahrlich ein elendes, nicht menschenwürdiges Dasein! Dennoch muß die Arbeit geschehen, denn die Welt bedarf der Steinkohle.

In gewissen schottischen Gruben vollführten arme Mädchen dieselbe Arbeit der Kohlenförderung auf Leitern. Sie trugen auf dem Rücken einen Korb, welcher mittels eines über die Stirne gehenden Riemens befestigt ist. An demselben Riemen hängt auch das Grubenlicht. So steigen die Unglücklichen, gebückt unter der Last, in langen Reihen die Leitern empor, welche oft 100 Meter hoch durch die Schächte zu Tage führen.

Das neue Universum 1881

a Sammeln Sie die Ausdrücke, mit denen bei Heine und bei Weerth die Besitzenden gekennzeichnet werden.

b Die Besitzenden werden überdies charakterisiert durch eine typische Geste. Bei Weerth:

Bei Heine:

c Das Gedicht von Georg Weerth hat eine einzige klare Pointe, nämlich

d Der Heine-Text, äußerlich bescheiden, ist in Wirklichkeit sehr poetisch. Erklären Sie die poetischen Bilder, die Heine verwendet.

6. Kurs: Die großen Erzähler

Stifter

Gotthelf

Keller

Adalbert Stifter (1805–1868), Lehrer, Schriftsteller, Maler, schöpft nicht nur die leuchtenden Hintergründe und funkelnden Details seiner Erzählungen aus der böhmisch-österreichischen Natur, in die sein Leben und Dichten eingefügt war. Auch die Musikalität seiner Sprache, die Einfachheit der Gestalten, die er zeichnet, und die Durchsichtigkeit seines ganzen Denkens folgt in großer Sorgfalt dem *sanften Gesetz* der Natur. Stifter besitzt „Musik, den Pinsel für Valeurs, Glauben, Harmonie, heitere Andacht" (Friedell) – und die Klugheit, all dies in bescheidensten Formen, in scheinbar dörflichen Geschichten zu verarbeiten. *Studien* (1840–1846), *Bunte Steine* (1853), *Nachsommer* (1857), *Witiko* (1865–67). – Einen Text von Stifter finden Sie Seite 31.

Jeremias Gotthelf (eigentlich Albert Bitzius. 1797–1854). Pfarrer in Lützelflüh, Kanton Bern. Hundert Jahre lang wurde er als kleinlicher Provinzkünstler eingeordnet, und man kritisierte seinen „übertriebenen Naturalismus der Darstellung, der uns auch die Mistpfütze nicht erspart"[1]. Erst Stefan Zweig erkannte ihn als „ein mächtiges Schweizer Gebirge" mit „allen Vorzügen eines großen epischen Erzählers und . . . eines entschiedenen Charakters . . . Er sieht klar in Menschen und Dinge hinein, mit mehr durchdringendem als sentimentalem Auge. Er hat eine ungeheure Kenntnis des Lebens, sowohl der Natur als des menschlichen Betriebes und seiner geheimsten Innenwelt der Seele" (1924). Einige Titel aus dem umfangreichen Romanwerk: *Der Bauernspiegel* (1837), *Leiden und Freuden eines Schulmeisters* (1838/39), *Geld und Geist* (1844), *Anne Bäbi Jowäger* (1844), *Uli* (1841–49). Erzählung: *Die schwarze Spinne* (1842). Unser Bild zeigt den etwa 20jährigen Gotthelf.

Gottfried Keller (1819–1890). „Kein Satz, der nicht genau dem Gedanken folgte. Kein überflüssiges Ton- oder Schmuckwort. Seiner Wahrhaftigkeit verdankt es Keller, daß es gänzlich Unbedeutendes nirgends gibt, daß jede Zeile von ihm lesbar ist" (Carl Spitteler). Ein unbequemer, für die Sache der Demokratie engagierter Schriftsteller und überlegener Psychologe. *Der grüne Heinrich* (Autobiographie, Urfassung 1853. Spätfassung 1879), *Die Leute von Seldwyla* (1856), *Züricher Novellen* (1876), *Das Sinngedicht* (1881). Unser Bild entstand 1872.

---

[1] Otto v. Leixner: Geschichte der Deutschen Literatur. Leipzig 1910. S. 730

Der treue Knecht

Schwierigkeitsgrad B

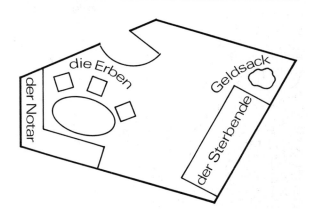

der Notar — die Erben — Geldsack — der Sterbende

„Laut denken"

1 Dieser Raum ist eine Art Spannungsfeld. Es besteht aus vier Faktoren. Was könnte hier passieren?

2 Hier könnte sich manches abspielen. Erfinden Sie (in Stichworten) eine Tragödie, einen Krimi, eine Oper, eine Komödie. Erzählen Sie Ihre Geschichte, ohne viel zu überlegen.

3 Der Raum hat eine merkwürdige Form. Wo könnte er zum Beispiel stehen?

Fontane

Theodor Fontane (1819–1898), Apotheker, ab 1849 Journalist. Seine Meisterwerke schrieb der über Siebzigjährige. Fontanes sorgfältige Kunst, menschliche Beziehungen in ihrer wirklichen Kompliziertheit darzustellen, durchleuchtet zugleich das fragwürdige gesellschaftliche Milieu, in dem die Figuren gefangen sind. Nie erliegt dieser Autor der Versuchung, differenzierte Dinge zu vereinfachen oder allzugenau zu erklären: „Ein Rest von Dunklem und Unaufgeklärtem bleibt . . .'' (*Schach von Wuthenow*). 1883 *Schach von Wuthenow*. 1888 *Irrungen, Wirrungen*. 1893 *Frau Jenny Treibel*. 1896 *Effi Briest*. 1897 *Der Stechlin*. Unser Foto entstand 1874.

Text

Schon manchen haben einige bei dem Tode eines Menschen wohl angewandte Minuten wohlhabend gemacht. Die Erben sind oft nicht gleich bei der Hand, und wer sich nicht fürchtet, aus dem noch nicht erkalteten Hosensack die Schlüssel zu nehmen, kann bis zu ihrer Ankunft viel abwegmachen. Fatal ists, wenn der Verstorbene so plötzlich von hinnen gerufen wird, daß er für die, welche zunächst um ihn sind, nicht testamentlich sorgen konnte, und das geschieht oft; denn solche Leute testieren nicht gerne, sie hoffen noch der Tage viel.

Aber auch da wissen schlaue Leute sich zu helfen. Sie schleppen den Gestorbenen in eine alte Rumpelkammer, und in das noch nicht erkaltete Bett le-
15 gen sie einen vertrauten Knecht, setzen ihm die Nachtkappe des Gestorbenen auf und laufen nach Schreiber und Zeugen. Schreiber und Zeugen setzen sich an den Tisch am Fenster, rüsten das Schreibzeug und probieren, ob guter Wein in der
20 weißen Guttere sei. Unterdessen berzet und stöhnt es im dunklen Hintergrunde hinter dickem Umhang, und eine schwache Stimme frägt, ob der Schreiber nicht bald fertig sei, es gehe nicht mehr lange mit ihm. Der Schreiber nimmt hastig das Glas
25 vom Munde und dagegen die Feder und läßt diese flüchtig übers Papier gleiten, aber immer halblinks schauend, wo das Glas steht. Da diktiert leise und hustend die Stimme hinter dem Umhange das Testament, und der Schreiber schreibt, und freudig
30 hören die Anwesenden, wie sie Erben werden von vielem Gut und Geld. Aber ein blasser Schrecken fährt über ihre Gesichter und faustdicke Flüche quellen ihnen im Halse, als die Stimme also spricht: „Meinem getreuen Knecht aber, der mir so
35 viele Jahre treu gedient hat, vermache ich achttausend Pfund.“ Der Schalk im Bette hatte sich selbst nicht vergessen und bestimmte sich selbst seinen Lohn für die gut gespielte Rolle.

Jeremias Gotthelf (1839)
Sämtliche Werke hrsg. R. Hunziker u. H. Bloesch
Erlenbach 1921. III, 258 f.

wohlhabend	= reich
der Hosensack	= Hosentasche
die Rumpelkammer	= kleiner Nebenraum, wo man alte Sachen abstellt
vertraut	= sehr gut bekannt
Nachtkappe	= Schlafmütze
stöhnen	= laut seufzen, schwer atmen
vermachen	= als Erbe hinterlassen
der Schalk	= listiger Mensch

Diese Wörter können Sie selbst erkennen:

bei der Hand
abwegmachen*
von hinnen
testieren
Guttere*
berzen*

* Schweizerdeutsch

Ihre Rolle, bitte

1 Die Szene eignet sich vorzüglich zum Spielen. Inszenieren Sie sie gemeinsam und spielen Sie sie mit improvisiertem Text. Fügen sie, wenn Sie wollen, weitere Personen hinzu.

2 Übertragen Sie die Geschichte auf heutige Verhältnisse, setzen Sie für die Rollen des Knechts und der Erben heutige Namen ein.

Drei Liebesgeschichten

Schwierigkeitsgrad B

Unterhaltung

– Auf dieser Seite sind Kunst und Kitsch respektlos gemischt. Bitte beurteilen Sie die Bilder.

– Begründen Sie Ihre Urteile. Analysieren Sie die Bilder im Detail.

– Welche feinen Unterschiede trennen also den Künstler vom Kitschmacher? Und zum Thema Umarmung: Welche Züge wird der Autor hervorheben, welche der Kitschautor?

– Lesen Sie nun die folgenden drei Texte. Sie stammen von Heinrich Clauren (1816), Gottfried Keller (1854) und Heinz Ewers (1911). Welcher Text stammt von wem? Und wie beurteilen Sie die Texte?

Drei Texte

A

Nun wuchsen die Träume, schwoll des Blutes rotes
Meer. „Küß mich –" schrie er. Aber sie ließ ihn los,
ließ die Arme sinken. Er schlug die Augen auf,
blickte sie an.
5 „Küß mich!" wiederholte er leise. Glanzlos blickte
ihr Auge, kurz ging ihr Atem. Langsam schüttelte
sie den Kopf. Da sprang er auf. „So will ich dich
küssen", rief er. Hob sie hoch auf die Arme, warf die
Sträubende auf den Diwan. Kniete nieder – dahin,
10 wo sie eben gekniet hatte.
„Schließ die Augen –" flüsterte er. Und er beugte
sich nieder –
Gut, gut waren seine Küsse. – Schmeichelnd und
weich, wie ein Harfenspiel in der Sommernacht.
15 Wild auch, jäh und rauh, wie ein Sturmwind über
dem Nordmeer. Glühend, wie ein Feuerhauch aus
des Ätna Mund.
„Ich brenne", jauchzte sie – „ich verbrenne –" Da
riß er die Kleider ihr vom Leibe.

B

Wir sagten einander, ich glaube dreimal, viermal
gute Nacht, und konnten immer nicht von einander. Mimili lag, mit allen ihren namenlosen Reizen
vom Zauber der Liebe in meine Arme gegossen,
5 und doch wich der Engel ihrer Unschuld keinen
Finger breit von seinem Posten.
Vom heiligen Feuer der süßesten Gefühle überpur-
pert, wiegte sich ihr schwarzes Lockenköpfchen
auf meiner Brust; aufgelöst hatten sich die ellen-
10 langen, breiten üppigen Zöpfe, und ihr seide-
nes, herrliches Haar umfloß, in tausend wallenden
Ringeln, ihre himmlische Gestalt. Das ganze Wesen war jetzt nichts als Liebe. Endlich riß sie sich
aus meinen Armen, sagte mir eilends gute Nacht,
15 schlüpfte in ihr Zimmer, und verriegelte hinter
sich die feindselige Tür.

C

Wir kamen auf die Höhe und befanden uns in einem hohen Tannenwald, dessen Stämme drei bis
vier Schritte auseinander standen, auf einem dicht
mit trockenem Moose bedeckten Boden und die
Äste hoch oben in ein dunkelgrünes Dach ver- 5
wachsen, so daß wir vom Himmel fast nichts mehr
sehen konnten. Ein warmer Hauch empfing uns
hier, goldene Lichter streiften da und dort über das
Moos und an den Stämmen, der Tritt der Pferde war
unhörbar, wir ritten gemächlich zwischen durch, 10
um die Tannen herum, bald trennten wir uns und
bald drängten wir uns nahe zusammen zwischen
zwei Säulen durch, wie durch eine Himmelspforte.
Eine solche Pforte fanden wir aber gesperrt durch
den quergezogenen Faden einer frühen Spinne; er 15
schimmerte in einem Streiflichte mit allen Farben,
blau, grün und rot, wie ein Diamantstrahl. Wir
bückten uns einmütig darunter weg und in diesem
Augenblicke kamen sich unsere Gesichter so nah,
daß wir uns unwillkürlich küßten. Im Hohlweg 20
hatten wir schon zu sprechen angefangen und
plauderten nun eine Weile ganz glückselig, bis wir
uns darauf besannen, daß wir uns geküßt, und sahen, daß wir rot wurden, wenn wir uns anblickten.
Da wurden wir wieder still. Der Wald senkte sich 25
nun auf die andere Seite hin und stand wieder im
Schatten. In der Tiefe sahen wir ein Wasser glänzen
und die gegenüberstehende Berghalde, ganz nah,
leuchtete mit Felsen und Fichten im hellen Sonnenscheine durch die dunklen Stämme, unter de- 30
nen wir zogen, und warf ein geheimnisvolles
Zwielicht in die schattigen Hallen unseres Tannen-
waldes.

(Keller)

Textarbeit

(1) Tragen Sie die Texte laut vor, und zwar genau in
dem Stil, den der jeweilige Autor geschrieben hat.

(2) Alle drei Geschichten stammen aus Romanen: dem Roman „Mimili" von Clauren, dem autobiographischen Roman „Der grüne Heinrich" von Keller und dem Roman „Alraune" von Ewers. An welche Leser haben die Autoren gedacht, als sie ihre Romane schrieben? Beschreiben Sie den idealen Leser, den die drei Schriftsteller im Kopf hatten.

(3) Legen Sie die Texte weg und erzählen Sie die drei Geschichten.

(4) Versuchen Sie nun die Stile zu vergleichen und zu analysieren. Belegen Sie jede Ihrer Beobachtungen.

Schreibschule

Schreiben Sie nun eine neue Geschichte in zwei Versionen: eine kitschige und eine gute Version. Nehmen Sie, wenn Sie wollen, dasselbe Thema oder wählen Sie ein anderes.

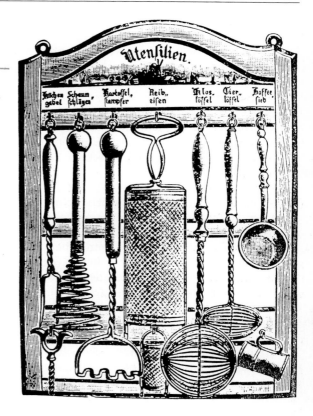

Das Reibeisen

Schwierigkeitsgrad C

Textarbeit

Was ein Reibeisen ist, zeigt unser Bild. Lesen Sie nun den Text und stellen Sie sich während des Lesens diese Fragen:

- Wo spielt die Szene?
- Wie stehen die beiden Frauen zueinander (ihre bürgerliche Rolle, ihre Rolle in dieser Szene)?
- Was will die Schmolke bewirken?

Text

Corinna hatte mittlerweile den Tisch abgeräumt und einen blauen Zuckerbogen darüber ausgebreitet, auf welchem zahlreiche alte Semmeln lagen und daneben ein großes Reibeisen. Dies letztere nahm sie jetzt in die Hand, stemmte sich mit der 5 linken Schulter dagegen und begann nun ihre Reibetätigkeit mit solcher Vehemenz, daß die geriebene Semmel über den ganzen blauen Bogen hinstäubte. Dann und wann unterbrach sie sich und schüttete die Bröckchen nach der Mitte hin zu einem Berg zusammen, aber gleich danach begann 10 sie von neuem, und es hörte sich wirklich an, als ob sie bei dieser Arbeit allerlei mörderische Gedanken habe.

Die Schmolke sah ihr von der Seite her zu. Dann 15 sagte sie: „Corinna, wen zerreibst du denn eigentlich?"

„Die ganze Welt."

„Das ist viel . . . un dich mit?"

20 „Mich zuerst.“

„Das is recht. Denn wenn du nur erst recht zerrieben un recht mürbe bist, dann wirst du wohl wieder zu Verstande kommen.“

„Nie.“

25 „Man muß nie ‚nie‘ sagen, Corinna. Das war ein Hauptsatz von Schmolke. Un das muß wahr sein, ich habe noch jedesmal gefunden, wenn einer ‚nie‘ sagte, dann is es immer dicht vorm Umkippen. Un ich wollte, daß es mit dir auch so wäre.“

30 Corinna seufzte . . .

„Liebst du’n denn noch immer?“

„Ach, ich denke ja gar nicht dran, liebe Schmolke.“

„Wie der alte Pastor Thomas zu Schmolke un mir in unserer Traurede gesagt hat: ‚Liebet euch unter-

35 einander, denn der Mensch soll sein Leben nich auf den Haß, sondern auf die Liebe stellen‘ (dessen Schmolke un ich auch immer eingedenk sind) – so, meine liebe Corinna, sag’ ich es auch zu dir, man soll sein Leben nicht auf den Haß stellen. Hast du

40 denn wirklich einen solchen Haß auf die Rätin, das heißt einen richtigen?“

„Ach, ich denke ja gar nicht dran, liebe Schmolke.“

„Ja, Corinna, da kann ich dir bloß noch mal sagen, dann is es wirklich die höchste Zeit, daß was ge-

45 schieht. Denn wenn du *ihn* nicht liebst und *ihr* nich haßt, denn weiß ich nich, was die ganze Geschichte überhaupt soll.“

„Ich auch nicht.“

Und damit umarmte Corinna die gute Schmolke,

50 und diese sah denn auch gleich an einem Flimmer in Corinnas Augen, daß nun alles vorüber und daß der Sturm gebrochen sei.

„Na, Corinna, denn wollen wir’s schon kriegen, un es kann noch alles gut werden. Aber nu gib die

55 Form her, daß wir ihn eintun, denn eine Stunde muß er doch wenigstens kochen. Un vor Tisch sag’

ich deinem Vater kein Wort, weil er sonst vor Freude nich essen kann . . .“

„Ach, der äße doch.“

„Aber nach Tisch sag’ ich’s ihm, wenn er auch um 6 seinen Schlaf kommt.“

Der Pudding erschien Punkt zwei.

THEODOR FONTANE

Aus dem Roman *Frau Jenny Treibel* (1887–92)

Vierzehntes Kapitel

Die Bedeutung des Ausdrucks *mörderische Gedanken* können Sie selbst erkennen. *Zerfallen* heißt in kleine Teile auseinanderfallen, *zerbrechen* heißt auseinanderbrechen. *Zerreiben* heißt also

Mürbe = zerbrechlich. Altes Brot ist mürbe, es ist so trocken, daß es auseinanderbricht. *Umkippen* = umkehren, umdrehen. Das Leben „auf den Haß stellen“ – auf den Haß bauen.

Textarbeit

1 Hat die Schmolke recht?

2 Welche Rolle spielen die Semmeln hier?

3 Raten Sie, wer die Rätin sein könnte. (Sie finden das, wenn Sie an das übliche Familienschema denken.)

4 „. . . wenn du ihr nicht haßt“ – das ist erstens grammatisch falsch, denn die Schmolke spricht Berlinerisch. Zweitens ist das ziemlich schwierig zu verstehen, oder?

5 „Ach, der äße doch“, mit diesem Satz charakterisiert Corinna ihren Vater, und zwar

6 Daß Fontane der Schmolke hier diese Rolle gibt, das wirft auf die Geschichte ein bestimmtes sozialkritisches oder philosophisches Licht. Welches?

Werkstatt

Betten Sie diese Szene ein in eine Vorgeschichte und eine Nachgeschichte.

7. Kurs: Augenblicke, Einblicke, Durchblicke

Friedrich Nietzsche (1844–1900) lehrte sieben Jahre lang Philosophie und klassische Philologie an der Universität Basel. Eine Nervenkrankheit setzte schon beim Zwölfjährigen ein und verfolgte Nietzsche zeitlebens; vor 1888 blieb er aber geistig vollkommen klar. Nietzsche schuf kein geschlossenes, systematisches Werk, sondern „einen Haufen von kürzeren und längeren Aphorismen, Abbilder des zersplitterten Universums'' (Ludwig Marcuse). Von der kalten pessimistischen Oberfläche seiner Philosophie darf man sich nicht irritieren lassen, darunter steckt ein stolzer Moralist und Ästhet, der einen heroischen Begriff von Würde, Verantwortung und menschlichem Format hatte. 1872 *Die Geburt der Tragödie aus dem Geiste der Musik*. 1881 *Morgenröte, Gedanken über die moralischen Vorurteile*. 1885 *Also sprach Zarathustra*. 1886 *Jenseits von Gut und Böse*.

Rainer Maria Rilke (1875–1926). „Das ist die Flucht aus der Banalität in den Snobismus. Da wird aus nichts etwas gemacht. Dem Gehalt nach ist es nichts, der Form nach ist es neu. Diese Gedichte sagen dem Volk nichts, teils auf verständliche, teils auf unverständliche Art'' – so urteilt Bertolt Brecht, denn Brechts Werk und Rilkes Werk sind die äußersten Gegensätze. Anders Paul Valéry: „Ich liebte in ihm den zartesten und geisterfülltesten Menschen dieser Welt.'' Von seinen Anfängen als geschäftstüchtiger Autor sentimentaler Verse über die meisterhafte Prosa der *Aufzeichnungen* bis zu dem spröden lyrischen Spätwerk führt ein weiter Weg. 1906 *Liebe und Tod des Cornets Christoph Rilke*. 1910 *Die Aufzeichnungen des Malte Laurids Brigge*. 1922 *Sonette an Orpheus. Duineser Elegien*. Foto: Rilke 1900 nach der Rückkehr aus Rußland.

Nietzsche (1864)

Rilke

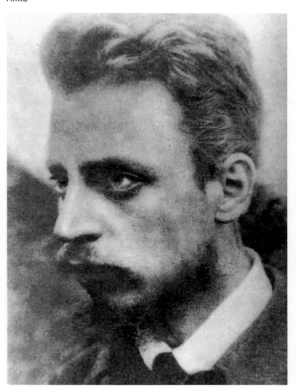

Hugo von Hofmannsthal (1874–1929. Foto 1903) schrieb schon als Achtzehnjähriger vollendet schöne Gedichte. Populär wurde er durch seine für Richard Strauß geschriebenen Operntexte (*Der Rosenkavalier* 1909, *Ariadne* 1912). Weniger bekannt sind seine durchsichtig heiteren, wie in Pastelltönen gemalten märchenhaften Komödien *Cristinas Heimreise (1908)*, *Der Schwierige* (1917), *Der Unbestechliche* (1922) und sein Festspiel *Jedermann* (1911).

Hofmannsthal

Bild links: Die Bischofstraße in Calw (Schwarzwald), wo Hesses Familie lebte

Hermann Hesse (1877–1962. Foto 1906), durch seine nachdenkliche Beschäftigung mit der östlichen Tradition zu internationaler Popularität gelangt, hat künstlerisch keine neuen Wege gesucht. Sein Werk bewegt sich in den Formen des neunzehnten Jahrhunderts. Die Fragen und philosophischen Erfahrungen, die er vermittelt, besitzen aber eine erstaunliche, in den letzten zwanzig Jahren immer stärker werdende Anziehungskraft. Über seinen das Lebenswerk zusammenfassenden Roman *Das Glasperlenspiel* (erschienen 1943), den er – in der Schweiz – während des Dritten Reiches schrieb, sagt Hesse später: „Ich mußte, der grinsenden Gegenwart zum Trotz, das Reich des Geistes und der Seele als existent und unüberwindlich sichtbar machen, so wurde meine Dichtung zur Utopie". Frühere Werke: 1913 *Aus Indien*. 1922 *Siddhartha*. 1927 *Der Steppenwolf*. 1930 *Narziß und Goldmund*. 1932 *Die Morgenlandfahrt*.

Hesse

Herbst

Schwierigkeitsgrad B

Vorbereitung

Entlastg (Vokabeln)

Sie finden rechts die Erklärung der Wörter links. Stellen Sie die Wörter richtig zusammen

frösteln	tauchen
heulen	graben
klirren	kalkulieren
wühlen	über einen anderen klagen
murren	laut weinen
tunken	unfreundlich brummen
verklagen	frieren
ausrechnen	klingen wie zerbrechendes Glas

Vorbereitung

Finden Sie den richtigen Zusammenhang zwischen links und rechts

ein Regenschauer ist aus	weißem dünnem Stoff
ein Schleier ist aus	farbigem Stoff
ein Schwan ist	Dreck
eine Fahne ist aus	Wasser
die Stirnhöhle ist	über der Nase
Modder ist	ein weißer Wasservogel

Drei Texte

Thema: 1) 2) 3)

1

Mürrisch zieht sich die Haut der Erde zusammen,
dünne Schleier legt sich die Fröstelnde über, Regenschauer fegt über die Felder . . . der Wind verklagt die Erde, und klagend heult er um die Ecken,
in enge Nasengänge wühlt er sich ein, Huuh macht
er in den Stirnhöhlen, denn der Wind bekommt
Prozente von den Nasendoktoren . . . hochauf
spritzt brauner Straßenmodder . . . die Sonne ist
zur Kur in Abazzia   KURT TUCHOLSKY (1929)

S. 71

2

Ich sah ein großes Herbstblatt, das der Wind
Die Straße lang trieb, und ich dachte: Schwierig
Den künftigen Weg des Blattes auszurechnen!
                          BERTOLT BRECHT (1945)

3 *Titel ?*

Mit gelben Birnen hänget
Und voll mit wilden Rosen
Das Land in den See,
Ihr holden Schwäne,
Und trunken von Küssen
Tunkt ihr das Haupt
Ins heilignüchterne Wasser.

Weh mir, wo nehm ich, wenn
Es Winter ist, die Blumen, und wo
Den Sonnenschein,
Und Schatten der Erde?
Die Mauern stehn
Sprachlos und kalt, im Winde
Klirren die Fahnen.
                    FRIEDRICH HÖLDERLIN (1803)

S. 7

philosophisch   2
klar, einfach   2
melancholisch   3
phantasiereich   1

lustig   1
sachlich   2
bilderreich   1
spöttisch   1

Textarbeit

a Wie finden Sie Text 1, 2 und 3?

Text Nummer

_____	philosophisch	_____	lustig
_____	klar, einfach	_____	sachlich
_____	melancholisch	_____	bilderreich
_____	phantasiereich	_____	spöttisch

b Jeder der drei Texte hat mit dem Herbst zu tun. Aber in Wirklichkeit hat jeder Text ein anderes Thema. Versuchen Sie die drei Themen kurz zu formulieren.

c Vielleicht können Sie auch versuchen, den Stil der drei Autoren gegeneinander abzugrenzen. Brechts Sprache ist

d Versuchen Sie die drei verschiedenen Einstellungen zu definieren, mit denen die Autoren dem Herbst gegenüberstehen. Für Hölderlin ist der Herbst ein Bild für

e Welcher der drei Texte ist Ihnen am „nächsten"? Warum?

Text

4

Draußen vor den Fenstern liegt der gedankenreiche Herbst im klaren mildwärmenden Sonnenlichte, der nordische Herbst, den ich so liebe wie meine allerbesten Freunde, weil er so reif und wunschlosunbewußt ist. Die Frucht fällt vom Baume, ohne Windstoß.
Und so ist es mit der Liebe der Freunde: ohne Mahnung, ohne Rütteln, in aller Stille fällt sie nieder und beglückt. Sie begehrt nichts für sich und gibt alles von sich.
Nun vergleiche die scheußlich-gierige Geschlechtsliebe mit der Freundschaft!
Ich sollte auch meinen, daß jemand, der den Herbst, wenige Freunde und die Einsamkeit wahrhaft liebt, sich einen großen, fruchtbarglücklichen Lebensherbst prophezeien darf.

FRIEDRICH NIETZSCHE (1869)

Textarbeit

a Der Nietzsche-Text ist ein starker Kontrast zu dem Hölderlin-Gedicht. Benennen Sie die gemeinsamen Punkte und die unterschiedliche Sicht.

b Im letzten Satz sagt Nietzsche in einem Atemzug die Worte Herbst, Freunde, Einsamkeit. Was ist das Gemeinsame, das diese drei Begriffe verbindet?

c Nietzsche spricht vom „Lebensherbst". Führen Sie den Vergleich weiter, übertragen Sie ihn auf die anderen Lebensalter.

d Nietzsches Prophezeiung realisierte sich in seinem eigenen Leben nicht. Hölderlins Prophezeiung erfüllte sich im Leben beider Autoren. Versuchen Sie von hier aus die beiden Texte noch einmal zu kennzeichnen.

e Von den beiden Texten 3 und 4 fällt auch ein Licht auf den Text 2. Warum kommt Brecht gerade im Herbst auf den Gedanken, den er hier andeutet?

f Alle vier Autoren reden natürlich vom Herbst, wie er sich in Mitteleuropa zeigt. Erzählen Sie, was sich in Ihrem Land in den Monaten Oktober und November abspielt.

Schreibschule

Schreiben Sie eine Seite über das Thema: Was ist ein Freund? Sie können dabei Nietzsches Gedanken verwenden, aber Sie sollten sie ergänzen.

Unter den Brückenbögen

Schwierigkeitsgrad C

„Laut denken"

Versuchen Sie alle Gedanken, Erinnerungen, Empfindungen zu formulieren, die Ihnen zu diesen beiden Bildern kommen.

Gespräch

Thema: Gibt es ein soziales Empfinden?
Nehmen Sie zu den folgenden Behauptungen Stellung: stimmt die Behauptung? stimmt sie teilweise? gar nicht? Warum? Belegen Sie Ihre Stellungnahme mit konkreten Beispielen. (Vorschlag: jede Gruppe übernimmt eine der Thesen.)

A Soziales Tun ist unbequem, also fühlt sich jeder am wohlsten, wenn er es vermeiden kann.

B Soziales Empfinden zeigt einen hohen Entwicklungsgrad eines Menschen.

C Soziales Empfinden kommt vom Mitleid, ist also nur ein verworrenes, weichliches Gefühl.

D Soziales Denken wird propagiert, kommt also von außen an den Menschen heran. Käme es nicht an ihn heran, würde ihm nichts fehlen.

E Soziales Empfinden steckt als ursprüngliches Element im Menschen, er kann nicht auf Dauer dagegen leben.

Zwei Texte

I

Die Existenz des Entsetzlichen in jedem Bestandteil der Luft. Du atmest es ein mit Durchsichtigem; in dir aber schlägt es sich nieder, wird hart, nimmt spitze, geometrische Formen an zwischen den Organen; denn alles, was sich an Qual und Grauen begeben hat auf den Richtplätzen, in den Folterstuben, den Tollhäusern, den Operationssälen, unter den Brückenbögen im Nachherbst: alles das ist von einer zähen Unvergänglichkeit, alles das besteht auf sich und hängt, eifersüchtig auf alles Seiende, an seiner schrecklichen Wirklichkeit. Die Menschen möchten vieles davon vergessen dürfen; ihr Schlaf feilt sanft über solche Furchen im Gehirn, aber Träume drängen ihn ab und ziehen die Zeichnungen nach. Und sie wachen auf und keuchen . . .

RAINER MARIA RILKE
Aus dem Roman
Die Aufzeichnungen des Malte Laurids Brigge (1904–1910)
Originalausgabe Leipzig: Insel S. 106 f.

niederschlagen, hier: wie kristalliner Bodensatz auf den Grund
          fallen
Folter   = Tortur, körperliche Mißhandlung
Tollhaus = Asyl für Verrückte, Wohnung der Geisteskranken
feilen   = glatt machen

Textarbeit

1 Finden Sie das Gemeinsame in beiden Texten.

2 Die Wohnorte des „Unteren" in beiden Texten.

3 Eigenschaften des „Unteren" in beiden Texten.

4 Wie zeigen die Autoren den Zusammenhang zwischen „oben" und „unten"?

5 In beiden Texten spielt die Zeit eine wichtige Rolle, welche?

6 Beiden Autoren geht es darum, die „Oberfläche" des Lebens, die „wie die Salonmöbel" aussieht (Rilke), zu durchstoßen. Finden Sie Unterschiede zwischen beiden Texten.

7 Beide Autoren rühren soziale Fragen an – aber vielleicht etwas zu vorsichtig? zu ungenau? Ist dieses verträumte Betrachten geeignet, soziale Fragen zu beantworten?

8 Vergleichen Sie diese beiden Zitate mit Texten politisch klar engagierter Künstler (zum Beispiel Seite 78; 84; 92; 103). Beurteilen Sie dann erneut unsere beiden Zitate, versuchen Sie ihre Schwächen und Stärken zu charakterisieren.

II

Manche freilich müssen drunten sterben,
Wo die schweren Ruder der Schiffe streifen,
Andre wohnen bei dem Steuer droben,
Kennen Vogelflug und die Länder der Sterne.

5 Manche liegen immer mit schweren Gliedern
Bei den Wurzeln des verworrenen Lebens,
Andern sind die Stühle gerichtet
Bei den Sibyllen, den Königinnen,
Und da sitzen sie wie zu Hause,
10 Leichten Hauptes und leichter Hände.

Doch ein Schatten fällt von jenen Leben
In die anderen Leben hinüber,
Und die leichten sind an die schweren
Wie an Luft und Erde gebunden:

15 Ganz vergessener Völker Müdigkeiten
Kann ich nicht abtun von meinen Lidern,
Noch weghalten von der erschrockenen Seele
Stummes Niederfallen ferner Sterne.

Viele Geschicke weben neben dem meinen,
20 Durcheinander spielt sie alle das Dasein,
Und mein Teil ist mehr als dieses Lebens
Schlanke Flamme oder schmale Leier.

HUGO VON HOFMANNSTHAL (1896)

keuchen   = mit großer Mühe atmen
Sibylle   = Philosophin, Prophetin (griechisch)
die Leier = altes Musikinstrument (leiser als die
             Gitarre)

Kindheit

Schwierigkeitsgrad A

Vorbereitung

● Woran erinnern Sie sich gerne in Ihrer Kindheit? Woran denken Sie nicht gerne?

● Welche Spiele haben Sie als Kinder gespielt? Umschreiben Sie die Spiele, wenn Sie die Namen der Spiele nicht kennen.

● Suchen Sie sich eines der beiden folgenden Gedichte zum Thema „Kindheit" aus, das Sie näher kennenlernen möchten.

„Internationale" Spiele:
Kriegen (= Haschen)
Verstecken

7

Zwei Texte

I

Da rinnt der Schule lange Angst und Zeit
mit Warten hin, mit lauter dumpfen Dingen.
O Einsamkeit, o schweres Zeitverbringen . . .
Und dann hinaus: die Straßen sprühn und klingen
5 und auf den Plätzen die Fontänen springen
und in den Gärten wird die Welt so weit –.
Und durch das alles gehn im kleinen Kleid,
ganz anders als die andern gehn und gingen –:
O wunderliche Zeit, o Zeitverbringen,
10 o Einsamkeit.

Und in das alles fern hinauszuschauen:
Männer und Frauen; Männer, Männer, Frauen
und Kinder, welche anders sind und bunt;
und da ein Haus und dann und wann ein Hund
15 und Schrecken lautlos wechselnd mit Vertrauen –:
O Trauer ohne Sinn, o Traum, o Grauen,
o Tiefe ohne Grund.

Und so zu spielen: Ball und Ring und Reifen
in einem Garten, welcher sanft verblaßt,
20 und manchmal die Erwachsenen zu streifen,
blind und verwildert in des Haschens Hast,
aber am Abend still, mit kleinen steifen
Schritten nachhaus zu gehn, fest angefaßt –:
O immer mehr entweichendes Begreifen,
25 o Angst, o Last.

Und stundenlang am großen grauen Teiche
mit einem kleinen Segelschiff zu knien;
es zu vergessen, weil noch andre, gleiche
und schönere Segel durch die Ringe ziehn,
30 und denken müssen an das kleine bleiche
Gesicht, das sinkend aus dem Teiche schien –:
O Kindheit, o entgleitende Vergleiche.
Wohin? Wohin?
                    RAINER MARIA RILKE (1905/1906)

II

Mein Kind, wir waren Kinder,
Zwei Kinder, klein und froh;
Wir krochen ins Hühnerhäuschen,
Versteckten uns unter das Stroh.

Wir krähten wie die Hähne, 5
Und kamen Leute vorbei –
„Kikereküh!" sie glaubten,
Es wäre Hahnengeschrei.

Die Kisten auf unserem Hofe,
Die tapezierten wir aus, 10
Und wohnten drin beisammen,
Und machten ein vornehmes Haus.

Des Nachbars alte Katze
Kam öfters zum Besuch;
Wir machten ihr Bückling' und Knickse 15
Und Komplimente genug.

Wir haben nach ihrem Befinden
Besorglich und freundlich gefragt;
Wir haben seitdem dasselbe
Mancher alten Katze gesagt. 20

Wir saßen auch oft und sprachen
Vernünftig, wie alte Leut',
Und klagten, wie alles besser
Gewesen zu unserer Zeit;

Wie Lieb' und Treu' und Glauben 25
Verschwunden aus der Welt,
Und wie so teuer der Kaffee,
Und wie so rar das Geld! – – –

Vorbei sind die Kinderspiele,
Und alles rollt vorbei, – 30
Das Geld und die Welt und die Zeiten,
Und Glauben und Lieb' und Treu'.
                    HEINRICH HEINE (1823/1824)

Textarbeit

a Notieren Sie die Kinderspiele, an die der Sprecher des Gedichts sich erinnert:

Rilke: _____

_____

Heine: _____

_____

b Notieren Sie in Stichworten: Wie sieht der Sprecher die Erwachsenen?

Rilke: _____

_____

Heine: _____

_____

Textarbeit
zum Rilke-Gedicht

a Rilke beschreibt zwei Seiten der Kindheit. Arbeiten Sie diese stichwortartig heraus:

−	+

b Versuchen Sie in kleinen Gruppen eine noch genauere Erfassung dieser beiden Seiten:

Erinnerungen			
unangenehme		angenehme	
konkret	abstrakt	konkret	abstrakt

c Im Gedicht gibt es l a n g s a m e und s c h n e l l e Bewegungen. Suchen Sie sie heraus und ordnen Sie sie inhaltlich zu.

7

Textarbeit
Auswertung beider Gedichte

1 Wie genau sind die Erinnerungen des Erwachsenen an die Kindheit?
2 Was ist besonders deutlich in der Erinnerung geblieben, was ist eher verblaßt?
3 Fassen Sie zusammen: Wie sieht sich der erwachsene Sprecher rückblickend als Kind?
4 Warum ist diese Phase seines Lebens für ihn noch nicht „erledigt"?
5 Hat sich die Perspektive von der Kindheit zum Erwachsensein verändert?
6 In den Gedichten gibt es jeweils die Ebenen „innen" und „außen". Untersuchen Sie, welche Bedeutung diese beiden Ebenen für das Kind bzw. den Erwachsenen haben.

Die Lösung

Schwierigkeitsgrad A

Vorbereitung

Was denkt der Student? Schreiben Sie (allein oder in kleinen Gruppen) einen kurzen Text.

Text

Du brauchst nur umziehen oder heiraten zu wollen, einen Paß oder Heimatschein zu begehren, so stehst du schon mitten in dieser Hölle, mußt saure Stunden im luftlosen Raum dieser Papierwelt hinbringen, wirst von gelangweilten und dennoch hastigen, unfrohen Menschen ausgefragt, angeschnauzt, findest für die einfachsten und wahrsten Aussagen nichts als Unglauben, wirst bald wie ein Schulkind, bald wie ein Verbrecher behandelt. Nun, jeder kennt dies ja. Längst wäre ich in der Papierhölle erstickt und verdorrt, hätten nicht meine Farben mich immer wieder getröstet und vergnügt, hätte nicht mein Bild, meine kleine schöne Landschaft, mir wieder Luft und Leben gegeben.
Vor diesem Bilde stand ich einst in meinem Gefängnis, als die Wärter wieder mit ihren langweiligen Vorladungen gelaufen kamen und mich meiner glücklichen Arbeit entreißen wollten. Da empfand ich eine Müdigkeit und etwas wie Ekel gegen all den Betrieb und diese ganze brutale und geistlose Wirklichkeit. Es schien mir jetzt an der Zeit, der Qual ein Ende zu machen. Wenn es mir nicht erlaubt war, ungestört meine unschuldigen Künstlerspiele zu spielen, so mußte ich mich eben jener ernsteren Künste bedienen, welchen ich so manches Jahr meines Lebens gewidmet hatte. Ohne Magie war diese Welt nicht zu ertragen.

Textarbeit

Zum ersten Abschnitt. Welche beiden Welten werden hier vorgestellt? Ordnen Sie die Merkmale der beiden Welten nach den Kriterien positiv und negativ, stellen Sie zwei Listen auf. Welche Seite überwiegt? Welche Funktion hat das Bild für den Erzähler? – Zum zweiten Abschnitt. Fügen Sie auch die Begriffe aus dem zweiten Abschnitt in Ihre Listen ein. Und welche Funktion hat die Magie? Wie sieht der Erzähler das Verhältnis Kunst – Magie? Bilden Sie nun kleine Gruppen und besprechen Sie einen möglichen Schluß für die Geschichte! Schreiben Sie dann den Schluß. Lesen Sie nun den gesamten Text von Hermann Hesse und vergleichen Sie seinen Schluß mit dem Ihren:

Text 👓

Du brauchst nur umziehen oder heiraten zu wollen, einen Paß oder Heimatschein zu begehren, so stehst du schon mitten in dieser Hölle, mußt saure Stunden im luftlosen Raum dieser Papierwelt hin-
5 bringen, wirst von gelangweilten und dennoch hastigen, unfrohen Menschen ausgefragt, angeschnauzt, findest für die einfachsten und wahrsten Aussagen nichts als Unglauben, wirst bald wie ein Schulkind, bald wie ein Verbrecher behandelt.
10 Nun, jeder kennt dies ja. Längst wäre ich in der Papierhölle erstickt und verdorrt, hätten nicht meine Farben mich immer wieder getröstet und vergnügt, hätte nicht mein Bild, meine kleine schöne Landschaft, mir wieder Luft und Leben gegeben.
15 Vor diesem Bilde stand ich einst in meinem Gefängnis, als die Wärter wieder mit ihren langweiligen Vorladungen gelaufen kamen und mich meiner glücklichen Arbeit entreißen wollten. Da empfand ich eine Müdigkeit und etwas wie Ekel ge-
20 gen all den Betrieb und diese ganze brutale und geistlose Wirklichkeit. Es schien mir jetzt an der Zeit, der Qual ein Ende zu machen. Wenn es mir nicht erlaubt war, ungestört meine unschuldigen Künstlerspiele zu spielen, so mußte ich mich eben
25 jener ernsteren Künste bedienen, welchen ich so

manches Jahr meines Lebens gewidmet hatte. Ohne Magie war diese Welt nicht zu ertragen.
Ich erinnerte mich der chinesischen Vorschrift, stand eine Minute lang mit angehaltenem Atem und löste mich vom Wahn der Wirklichkeit. 30
Freundlich bat ich dann die Wärter, sie möchten noch einen Augenblick Geduld haben, da ich in meinem Bilde in den Eisenbahnzug steigen und etwas dort nachsehen müsse. Sie lachten auf die gewohnte Art, denn sie hielten mich für geistig ge- 35
stört.
Da machte ich mich klein und ging in mein Bild hinein, stieg in die kleine Eisenbahn und fuhr mit der kleinen Eisenbahn in den schwarzen kleinen Tunnel hinein. Eine Weile sah man noch den 40
flockigen Rauch aus dem runden Loche kommen, dann verzog sich der Rauch und verflüchtigte sich und mit ihm das ganze Bild und mit ihm ich.
In großer Verlegenheit blieben die Wärter zurück.

HERMANN HESSE

Aus dem Text *Kurzgefaßter Lebenslauf* (1925)

Unterhaltung

(1) Das Gefängnis hat in dieser Geschichte Nachteile und Vorteile . . .

(2) Was denkt der Mann über die Wirklichkeit?

(3) Was halten die Wärter von dem Mann? Und Sie? Nehmen Sie zur Meinung der Wärter Stellung!

(4) Und was denkt der Mann über die Wärter?

Traum

Schwierigkeitsgrad C

● Betrachten Sie (rechts) die Schlagzeilen aus Werbeprospekten. Welche Länder sind gemeint?
● Sammeln Sie die Charakteristika, mit denen hier für asiatische Länder geworben wird: Welche Ideen werden mit ,,Asien'' verbunden? Glauben Sie, daß sie der asiatischen Realität entsprechen?
● Was erhofft sich also der deutsche Urlauber von der ,,Ferne''?
● Warum fahren Leute überhaupt in ferne Länder – nach dem Motto: ,,Je weiter, desto lieber''?
● Indien Nepal Thailand Hongkong China Japan Sri Lanka Singapore Bali Taiwan Korea Philippinen. Was fällt Ihnen zu diesen Ländern ein – spontan und ohne lange nachzudenken? Vergleichen Sie Ihre Assoziationen mit denen Ihrer Kollegen.
● Wohin würden Sie am liebsten reisen? Was interessiert Sie an diesem Ort?

Das richtige Wort

,,Trug-Bilder'': Welcher Ausdruck paßt am besten? *
Halluzination – Vorurteil – Ideal – Illusion – Bild – Traum – Vorstellung – Enttäuschung – träumen – Erwartung – Tatsache

1. Hör auf zu _____ und komm' zurück in die Realität!

2. Er steckte voller _____: er dachte, alle Deutschen seien humorlos!

3. Du fährst nach Indien, wie toll! Hast du schon bestimmte _____?

4. Es ist eine riesengroße _____ zu glauben, daß man heute noch so einfach vom Tellerwäscher zum Millionär aufsteigen kann.

5. Die ,,Mona Lisa'' ist ein _____ von Leonardo da Vinci.

6. Sie hatte geglaubt, den _____mann zu heiraten; nach der Hochzeit erlebte sie eine böse

_____ .

7. Wenn jemand rosa Elefanten sieht, hat er höchstwahrscheinlich eine_____

8. Wir haben zu wenig Informationen, deswegen können wir uns noch kein genaues _____ davon machen.

9. Ein_____ von einem Auto!

10. Sie hatte sich völlig falsche _____ von ihrer neuen Heimat gemacht; nichts davon entsprach

den _____ .

*Trug=Traum, verwandt mit ,,betrügen''

Text

Im Jahre 1911 unternahm Hermann Hesse mit einem Freund eine Asienreise, die ihn drei Monate lang über Sri Lanka, Malaysia und Sumatra nach Singapore und zurück führte. Im Jahre 1913 veröffentlichte er seine Reiseeindrücke.

Die anderen hatten beschlossen, in einen Kinematographen zu gehen, wozu meine von der Arbeit in voller Sonne überanstrengten Augen keine Lust hatten. Dennoch ging ich schließlich mit, nur um
5 für den Abend versorgt zu sein. Wir traten barhaupt und in leichten Abendschuhen vor das Hotel und schlenderten durch die wimmelnden Straßen in gekühlter blauer Nachtluft; in ruhigern Seitengassen hockten bei Windlichtern an langen rohen
10 Brettertischen Hunderte von chinesischen Kulis und aßen vergnügt und sittsam ihre vielerlei geheimnisvollen und komplizierten Speisen, die fast nichts kosten und voll unbekannter Gewürze stecken. Getrocknete Fische und warmes Kokosöl
15 dufteten intensiv durch die von tausend Kerzen flimmernde Nacht, Rufe und Schreie in dunkeln östlichen Sprachen hallten in den blauen Bogengängen wider, geschminkte hübsche Chinesinnen saßen vor leichten Gittertüren, hinter denen reiche
20 goldene Hausaltäre düster funkelten.
Von der dunklen Brettertribüne des Kinotheaters blickten wir über unzählige langzopfige Chinesenköpfe hinweg.
Es umgab mich zunächst eine schwach murmeln-
25 de Dämmerung, in der ich mich wohl fühlte und über welche nachzusinnen ich kein Verlangen trug. Allmählich begann ich zu merken, daß ich auf dem Deck eines Schiffes lag.
Jawohl, wir fuhren nach Asien, und Asien war nicht
30 ein Weltteil, sondern ein ganz bestimmter, doch geheimnisvoller Ort, irgendwo zwischen Indien und China. Von dort waren die Völker und ihre Lehren und Religionen ausgegangen, dort waren die Wurzeln alles Menschenwesens und die dunk-
35 le Quelle alles Lebens, dort standen die Bilder der Götter und die Tafeln der Gesetze. Oh, wie hatte ich das nur einen Augenblick vergessen können! Ich war ja schon so lange Zeit unterwegs nach jenem Asien, ich und viele Männer und Frauen, Freunde und Fremde. 40
Da fielen wir alle auf die Knie nieder, unser Sehnen war gestillt und unsere Reise zu Ende. Wir schlossen die Augen, und wir beugten uns tief und schlugen unsere Häupter an die Erde, einmal und wieder und nochmals, in rhythmischer Andacht. 45
Hart schlug meine Stirn auf und schmerzte, Lichtfunken drangen in meine Augen, und mein Körper arbeitete sich mühsam aus tiefer Erstarrung. Meine Stirn lag auf der hölzernen Kante der Brüstung, unter mir dämmerten bleich die rasierten Schädel der 50
chinesischen Zuschauer, die Bühne war dunkel, und Beifallgemurmel hallte in dem großen Kinematographentheater wider.
Wir standen auf und gingen.

HERMANN HESSE:
Singapore-Traum (1913)
(Vorsichtig gekürzt)

Textarbeit

1) Wie viele Schauplätze gibt es hier? Und welche Personen?

2) Mit farbigen Worten wird hier das Straßenleben Singapores ausgemalt – doch aus welcher Perspektive? Ist das eine objektive oder eine subjektive Schilderung? Welche Aspekte werden besonders hervorgehoben – und warum wohl?
(Kleiner Tip: Hier hilft vielleicht ein Vergleich mit der Schilderung einer d e u t s c h e n Straßenszene!)

3) Was passiert dem Erzähler im Kino? Beschreiben Sie die Szene von Anfang bis Ende, als wären Sie dabeigewesen.

4) Und nun blicken Sie in seinen Kopf hinein: Was für seltsame Bilder entstehen dort? Erklären Sie sie . . .
Asien war nicht ein Weltteil, sondern ein bestimmter, doch geheimnisvoller Ort
dort waren die Wurzeln alles Menschenwesens
die dunkle Quelle alles Lebens
Ich war ja schon so lange Zeit unterwegs nach jenem Asien

5) Was ist also „jenes Asien"? Gehört die Stadt Singapore dazu? Haben ihre Einwohner daran Anteil?

6) Der Text bietet zwei Schilderungen „Asiens" an: Können Sie erkennen, wie sie durch Sprachebene und Wortwahl voneinander unterschieden sind? Was für Empfindungen bewegen jeweils den Erzähler – und wie verändern sich seine Stimmungen im Laufe der Erzählung?

Gespräch

1) Wieweit kommt die Realität Asiens hier zur Sprache?

2) Der Text fordert eine Schlußfolgerung – welche?

3) Waren Sie schon einmal in einer ähnlichen Situation wie der hier beschriebenen? Zum Beispiel: Was für Vorstellungen hatten Sie von Deutschland oder irgendeinem anderen Land, bevor Sie es kennenlernten?

4) Was bedeutet reisen und andere Menschen treffen für Sie? Ist es eine Erweiterung des Horizonts oder eine Bestätigung der eigenen Ideen? Sehen Sie sich dazu folgende zwei Aussprüche an: „Reisen sind der beste Schlüssel dazu, ein fremdes Volk völlig falsch zu sehen" (Herbert Tichy). „Nichts ist in der Fremde exotisch als der Fremde selbst" (Ernst Bloch).

Werkstatt

Haben Sie dichterisches Talent?

Denken Sie sich einen Ort in Ihrem eigenen oder einem anderen Land und beschreiben Sie den Schauplatz so interessant und farbig wie möglich – am besten schriftlich, als wären Sie ein Reisebuchautor. Ob Sie realistisch oder phantasievoll schreiben, bleibt Ihnen überlassen – Hauptsache, Sie können beim Vorlesen Ihre Kollegen dafür interessieren.

8. Kurs: Wandlungen im Bewußtsein

Franz Kafka, geboren in Prag 1883, gestorben an Kehlkopftuberkulose in Kierling bei Wien 1924, war Jurist und arbeitete in einer Versicherung in Prag. 1912 *Das Urteil.* 1914 *Die Verwandlung.* Die Romane *Der Prozeß* (entstanden 1914/15) und *Das Schloß* (entstanden 1922) edierte postum Kafkas Freund Max Brod. „Was den Leser in Kafkas Werk lockt, ist die Wahrheit selbst'' (Hannah Arendt). „An diesem Werk ist im wahren Sinn des Wortes alles wesentlich'' (Albert Camus). Das Foto zeigt den Achtzehnjährigen (1901).

Joseph Roth, geboren in Brody (heute Ukraine) 1894, gestorben im Pariser Exil 1939, lebte ein Wanderleben und war, wie er sagte, ein „Franzose aus dem Osten, ein Humanist, ein Rationalist mit Religion, ein Katholik mit jüdischem Gehirn''. Sein Weg führte vom scharf analytischen Journalismus bis zum distanzierten dichterischen Roman, reich an mythischen, oft apokalyptischen Andeutungen und Bildern. 1924 *Hotel Savoy.* 1927 *Die Flucht ohne Ende.* 1930 *Hiob.* 1932 *Radetzkymarsch.* 1937 *Das falsche Gewicht.* Foto 1934

Thomas Mann (1875–1955) lebte als freier Schriftsteller meist in München, nach 1938 in Santa Monica (Kalifornien), die letzten Jahre seines Lebens in der Schweiz. 1901 *Buddenbrooks, Verfall einer Familie.* 1909 *Königliche Hoheit.* 1912 *Der Tod in Venedig.* 1924 *Der Zauberberg.* 1934–43 *Joseph*-Romane. 1947 *Doktor Faustus.* „Thomas Mann ist ästhetisch aus dem 19. Jahrhundert heraus zu verstehen, als ein letzter, raffiniertester Ausläufer der klassisch-romantischen Kunstperiode'' (Dieter Mayer). „. . . ein Realist von seltener Wirklichkeitstreue, ja Wirklichkeitsandacht . . . Er ist ein extremer Typus jener Schriftsteller, deren Größe darin besteht, daß sie ‚Spiegel der Welt' sind'' (Georg Lukács). Foto 1899

Man muß ins Dunkel hineinschreiben wie in einen Tunnel.

Vom wahren Gegner fährt grenzenloser Mut in dich.

Das Wort „sein'' bedeutet im Deutschen beides: Dasein und Ihmgehören.

Der Mensch kann nicht leben ohne ein dauerndes Vertrauen zu etwas Unzerstörbarem in sich, wobei sowohl das Unzerstörbare als auch das Vertrauen ihm dauernd verborgen bleiben können.

Ein Buch muß die Axt sein für das gefrorene Meer in uns.

WORTE VON FRANZ KAFKA

Joseph Roth

Thomas Mann

Franz Kafka

8

Die Tür

Schwierigkeitsgrad B

Vorbereitung

Sie stehen vor dieser Tür. Sie wollen und müssen unbedingt durch diese Tür eintreten. Andererseits wollen Sie die kostbare Tür nicht beschädigen. Wie verhalten Sie sich?

Vorbereitung

Verbinden Sie je einen Satzteil links und einen Satzteil rechts zu einem sinnvollen Satz

Ein Türhüter bewacht	bestechen
Die Erlaubnis zum Eintritt	und beginnt zu erstarren
Trotz des Verbots macht er	ist schwer zu bekommen
Er hat große Macht. Vielleicht kann ich ihn mit Geld	einen Versuch, einzutreten
	den Eingang
Man läßt mich nicht eintreten. Der Raum	ist unzugänglich
Er besteht auf seiner Meinung. Ich kann ihn nicht	umstimmen
Je älter er wird,	desto schwächer wird sein Augenlicht
Sein Körper wird unbeweglich	

Text

Vor dem Gesetz steht ein Türhüter. Zu diesem Türhüter kommt ein Mann vom Lande und bittet um Eintritt in das Gesetz. Aber der Türhüter sagt, daß er ihm jetzt den Eintritt nicht gewähren könne. Der
5 Mann überlegt und fragt dann, ob er also später werde eintreten dürfen. „Es ist möglich," sagt der Türhüter, „jetzt aber nicht." Da das Tor zum Gesetz offensteht wie immer und der Türhüter beiseite tritt, bückt sich der Mann, um durch das Tor in das Innere zu sehen. Als der Türhüter das merkt, lacht er 10 und sagt: „Wenn es dich so lockt, versuche es doch, trotz meines Verbotes hineinzugehn. Merke aber: Ich bin mächtig. Und ich bin nur der unterste Türhüter. Von Saal zu Saal stehn aber Türhüter, einer mächtiger als der andere. Schon den Anblick des 15 dritten kann nicht einmal ich mehr ertragen." Solche Schwierigkeiten hat der Mann vom Lande nicht erwartet; das Gesetz soll jedoch jedem und immer zugänglich sein, denkt er, aber als er jetzt den Türhüter in seinem Pelzmantel genauer an- 20

65

sieht, seine große Spitznase, den langen, dünnen, schwarzen tatarischen Bart, entschließt er sich, doch lieber zu warten, bis er die Erlaubnis zum Eintritt bekommt. Der Türhüter gibt ihm einen Sche-
25 mel und läßt ihn seitwärts von der Tür sich niedersetzen. Dort sitzt er Tage und Jahre. Er macht viele Versuche, eingelassen zu werden, und ermüdet den Türhüter durch seine Bitten. Der Türhüter stellt öfters kleine Verhöre mit ihm an, fragt ihn
30 über seine Heimat aus und nach vielem andern, es sind aber teilnahmslose Fragen, wie sie große Herren stellen, und zum Schlusse sagt er ihm immer wieder, daß er ihn noch nicht einlassen könne. Der Mann, der sich für seine Reise mit vielem ausgerü-
35 stet hat, verwendet alles, und sei es noch so wertvoll, um den Türhüter zu bestechen. Dieser nimmt zwar alles an, aber sagt dabei: „Ich nehme es nur an, damit du nicht glaubst, etwas versäumt zu haben." Während der vielen Jahre beobachtet der Mann
40 den Türhüter fast ununterbrochen. Er vergißt die andern Türhüter und dieser erste scheint ihm das einzige Hindernis für den Eintritt in das Gesetz. Er verflucht den unglücklichen Zufall, in den ersten Jahren rücksichtslos und laut, später, als er alt
45 wird, brummt er nur noch vor sich hin. Er wird kindisch, und, da er in dem jahrelangen Studium des Türhüters auch die Flöhe in seinem Pelzkragen erkannt hat, bittet er auch die Flöhe, ihm zu helfen und den Türhüter umzustimmen. Schließlich wird
50 sein Augenlicht schwach, und er weiß nicht, ob es um ihn wirklich dunkler wird, oder ob ihn nur seine Augen täuschen. Wohl aber erkennt er jetzt im Dunkel einen Glanz, der unverlöschlich aus der Türe des Gesetzes bricht. Nun lebt er nicht mehr
55 lange. Vor seinem Tode sammeln sich in seinem Kopfe alle Erfahrungen der ganzen Zeit zu einer Frage, die er bisher an den Türhüter noch nicht gestellt hat. Er winkt ihm zu, da er seinen erstarrenden Körper nicht mehr aufrichten kann. Der Tür-
60 hüter muß sich tief zu ihm hinunterneigen, denn der Größenunterschied hat sich sehr zu ungunsten des Mannes verändert. „Was willst du denn jetzt noch wissen?" fragt der Türhüter, „du bist unersättlich." „Alle streben doch nach dem Gesetz," sagt der

Mann, „wieso kommt es, daß in den vielen Jahren 65 niemand außer mir Einlaß verlangt hat?" Der Türhüter erkennt, daß der Mann schon an seinem Ende ist, und, um sein vergehendes Gehör noch zu erreichen, brüllt er ihn an: „Hier konnte niemand sonst Einlaß erhalten, denn dieser Eingang war nur 70 für dich bestimmt. Ich gehe jetzt und schließe ihn."

FRANZ KAFKA

Aus dem Roman *Der Prozeß* (1914/15). Die Erzählung wurde auch gesondert veröffentlicht. Dabei wurde von den Herausgebern der Titel „Vor dem Gesetz" hinzugefügt.

Textarbeit

1 Ordnen Sie die folgenden Merkmale dem Mann oder dem Türhüter zu und finden Sie Textstellen, mit denen Sie Ihre Aussage belegen können.

	Mann	Türhüter	Zeile
schüchtern	X		
mächtig		X	
grausam		X	
menschlich			
überlegen		X	
schwach	X		
klein	X		
hartnäckig	X		
neugierig	X		
resigniert	X		

Untersuchen Sie jetzt bitte, ob diese Merkmale im Laufe des Textes für den Mann und den Türhüter immer gleich bleiben oder ob sich eine Entwicklung ablesen läßt. Belegen Sie Ihre Meinung wieder mit Textstellen.

2 Welche Elemente des Textes finden Sie realistisch, welche unwirklich? Macht der Autor einen Unterschied zwischen realer und irrealer Welt deutlich?

Gedankenspiele

(1) Wie erklären Sie sich, daß sich der Mann mit so vielen Dingen für seine Reise ausgerüstet hat?

(2) Warum stellt er die entscheidende Frage erst am Schluß?

(3) Wie sollte das Gesetz nach Meinung des Mannes sein, und wie erscheint es ihm dann?

(4) Welche äußere Form gibt der Autor dem Gesetz?

(5) Können Sie sich eine andere Reaktion des Mannes auf das Verbot vorstellen?

(6) Was sucht – nach Ihrer Meinung – der Mann vom Land wirklich?

(7) Stellen Sie Spekulationen darüber an, was das Gesetz eigentlich sein könnte.

(8) Was hindert den Mann grundsätzlich daran, in das Gesetz einzutreten?

Unterhaltung

Kafka hat die Geschichte selbst ausführlich kommentiert (im zweitletzten Kapitel des Romans *Der Prozeß*). Hier sind drei Sätze aus diesem Kommentar:

Nun ist der Mann tatsächlich frei, er kann hingehen, wohin er will, nur der Eingang in das Gesetz ist ihm verboten, und überdies nur von einem einzelnen, dem Türhüter . . .

Darin aber sind viele einig, daß er das Tor nicht wird schließen können . . .

Sie glauben sogar, daß er [der Türhüter] wenigstens am Ende, auch in seinem Wissen dem Manne untergeordnet ist, denn dieser sieht den Glanz, der aus dem Eingang des Gesetzes bricht, während der Türhüter als solcher wohl mit dem Rücken zum Eingang steht und auch durch keine Äußerung zeigt, daß er eine Veränderung bemerkt hätte . . .

Nehmen Sie zu diesem Kommentar Stellung!

Ihre Rolle, bitte

(1) Spielen Sie eine Szene, in der der Mann versucht, den Türhüter zu bestechen! Strukturieren Sie das Spiel zuerst mit Ihrem Partner oder in kleinen Gruppen.

(2) Der Türhüter und der Mann vom Land erzählen die Geschichte noch einmal aus i h r e r Sicht, nachdem der Mann schon einige Jahre vor der Tür gewartet hat.

Blutiger Sabbat

Schwierigkeitsgrad C

Unterhaltung

Analysieren Sie die Zitate und Bilder. Ordnen Sie sie dann zu mehreren Gruppen. Was will das Zitat/das Bild bezwecken? Welcher Standpunkt steckt dahinter? Finden Sie Titel, die die Gruppen bezeichnen, und finden Sie einen Titel für die ganze Seite.

Alle Kriegsführung beruht auf Täuschung.
Sun Tzu: Kriegskunst

Es ist was Großes, Soldat zu sein. Man kann alles tun, was einem Spaß macht.
John Dos Passos

Die Menschen lieben in Eile, zum Hassen lassen sie sich Zeit.
Byron

Die keinen Verstand haben, fürchten freilich den Tod nicht.
Seneca

Wir alle haben schreckliche Kriegserinnerungen. Ich habe 89 Dollar beim Würfeln verloren.
William Faulkner. In: Soldatenlohn

Es sind schon Filmleute hier gewesen! Vielleicht seht ihr uns in der Wochenschau.
Japanischer Kamikazeflieger in seinem letzten Brief

Mit Soldaten verdiene ich Millionen. Mit den Millionen finde ich wieder Soldaten.
Napoleon

Text

Der Wächter mit dem Holzbein stand vor seinem Häuschen, von Menschen umringt, an der Tür hing ein leuchtendes, schwarz-gelbes Plakat. Die ersten Worte, schwarz auf gelbem Grunde, konnte man
5 auch aus der Ferne lesen. Wie schwere Balken ragten sie über die Köpfe der angesammelten Menschen: „An meine Völker!"
Bauern in kurzen und stark riechenden Schafspelzen, Juden in flatternden, schwarz-grünen Kaftans,
10 schwäbische Landwirte aus den deutschen Kolonien in grünem Loden, polnische Bürger, Kaufleute, Handwerker und Beamte umringten das Häuschen des Zollwächters. An jeder der vier freistehenden Wände klebten die großen Plakate, je-
15 des in einer anderen Landessprache, jedes beginnend mit der Anrede des Kaisers: „An meine Völker!" Die des Lesens kundig waren, lasen laut die Plakate vor. Ihre Stimmen vermischten sich mit dem dröhnenden Gesang der Glocken. Manche
20 gingen von einer Wand zur anderen und lasen den Text in jeder Sprache. Wenn eine der Glocken verhallt war, begann sofort eine neue zu dröhnen. Aus dem Städtchen strömten die Menschen herbei, in die breite Straße, die zum Bahnhof führte. Trotta
25 ging ihnen entgegen in die Stadt. Es war Abend geworden, und da es ein Freitagabend war, brannten die Kerzen in den kleinen Häuschen der Juden und erleuchteten die Bürgersteige. Jedes Häuschen war wie eine kleine Gruft. Der Tod selbst hatte die Ker-
30 zen angezündet. Lauter als an den andern Feiertagen der Juden scholl ihr Gesang aus den Häusern, in denen sie beteten. Sie grüßten einen außerordentlichen, einen blutigen Sabbat. Sie stürzten in schwarzen, hastigen Rudeln aus den Häusern, sam-
35 melten sich an den Kreuzungen, und bald erhob sich ihr Wehklagen um jene unter ihnen, die Soldaten waren und morgen schon einrücken mußten. Sie gaben sich die Hände, sie küßten sich auf die Backen, und wo zwei sich umarmten, vereinigten
40 sich ihre roten Bärte wie zu einem besonderen Abschied, und die Männer mußten mit den Händen die Bärte voneinander trennen. Über den Köpfen schlugen die Glocken. Zwischen ihrem Gesang und die Rufe der Juden fielen die schneidenden Stimmen der Trompeten aus den Kasernen. Man blies 45 den Zapfenstreich, den letzten Zapfenstreich. Schon war die Nacht gekommen. Man sah keinen Stern. Trüb, niedrig und flach hing der Himmel über dem Städtchen! JOSEPH ROTH

Aus dem Roman *Radetzkymarsch* (1932)
Dritter Teil, Abschnitt XX

dröhnen	= laut tönen
der Ton verhallt	= er endet
die Gruft	= Grabgewölbe, steinerner Raum für einen Toten
der Zapfenstreich	= ein Trompetensignal, das zur Nachtruhe ruft

Textarbeit

1 Aus dem Text und aus den Angaben S. 64 können Sie ungefähr herausfinden, wann und wo die Szene spielt.

2 Die Anrede „An meine Völker" ist typisch für den Kaiser von . . .

3 Die Szene ist ungewöhnlich dramatisch durch die Klänge, die der Autor schildert. Zählen Sie sie auf und beschreiben Sie die Stimmung, die sie herstellen.

4 Einige Bilder, die der Autor zeichnet, sind besonders bedeutungsvoll. Suchen Sie den Hintergrund hinter den Bildern:

● Der Wächter mit dem Holzbein
● Die Häuser sind wie Grüfte
● Ein blutiger Sabbat
● Die schneidenden Stimmen der Trompeten
● Der Tod hatte die Kerzen angezündet
● Man sah keinen Stern.

5 Fassen Sie zusammen: Welche Gefühle der Menschen drücken sich in den Vorgängen aus?

6 Der Autor schreibt zwar sehr genau, aber zugleich aus einer weiten Distanz. Seine Bilder weisen weit über die geschilderte Stunde hinaus. Was deuten sie an?

7 Setzen Sie den geistigen Standort des Autors in Beziehung zu den Bildern und Zitaten S. 68.

8 Was halten Sie von der Meinung vieler Autoren, Kunst könnte einen Einfluß auf das Handeln der Menschen ausüben?

Die Letzten

Schwierigkeitsgrad C

Hören und verstehen 👓

a Wann findet das Gespräch statt?
b Wo findet es statt?
c Nennen Sie die beiden Hauptpunkte des Gesprächs.

Text 👓

Es gebe den Fortschritt, sagte Kuckuck anschließend an seinen Scherz, ohne Zweifel gebe es ihn, vom Pithecanthropus erectus bis zu Newton und Shakespeare, das sei ein weiter, entschieden auf-
5 wärts führender Weg. Wie es sich aber verhalte in der übrigen Natur, so auch in der Menschenwelt: auch hier sei immer alles versammelt, alle Zustände der Kultur und Moral, alles, vom Frühesten bis zum Spätesten, vom Dümmsten bis zum Geschei-
10 testen, vom Urtümlichsten, Dumpfesten, Wildesten bis zum Höchst- und Feinstentwickelten bestehe allezeit nebeneinander in dieser Welt, ja oft werde das Feinste müd' seiner selbst, vergaffe sich in das Urtümliche und sinke trunken ins Wilde
15 zurück.
Fern davon nämlich, daß Vergänglichkeit entwerte, sei gerade sie es, die allem Dasein Wert, Würde und Liebenswürdigkeit verleihe. Nur das Episodische, nur was einen Anfang habe und ein Ende, sei inter-
20 essant und errege Sympathie, beseelt wie es sei von Vergänglichkeit. So sei aber alles – das ganze kosmische Sein sei beseelt von Vergänglichkeit, und

ewig, unbeseelt darum und unwert der Sympathie, sei nur das Nichts, aus dem es hervorgerufen worden zu seiner Lust und Last. 2▮
„Gute Nacht, Marquis de Venosta", sagte er. „Wir sind, wie ich bemerke, die letzten im Speisewagen. Es ist Zeit, sich schlafen zu legen. Lassen Sie mich hoffen, Sie in Lisboa wiederzusehen! Recht gute Nacht!" 3▮

THOMAS MANN

Aus der Erzählung *Bekenntnisse des Hochstaplers Felix Krull*
(1922. Neufassung 1954)
Taschenbuchausgabe Frankfurt: Fischer S. 215 f. Gekürzt
Auf der Cassette hören Sie Thomas Mann

Gespräch

Bilden Sie vier Gruppen: für jede der beiden Thesen eine Gruppe, die dafür argumentiert, und eine, die dagegen streitet.

● Fassen Sie in Ihrer Gruppe zunächst die These Thomas Manns in einfache Worte.
● Argumentieren Sie möglichst konkret. Lassen Sie auch Gefühlsmomente gelten.
● Berichten Sie von den Ergebnissen Ihrer Diskussionen im Plenum.

Textarbeit

1 Können Sie den Satz Zeile 14/15 konkret belegen? Womöglich mit Beispielen aus verschiedenen Lebensbereichen?
2 Die „Philosophie" des Gesprächs erscheint hier im Konjunktiv. Mit diesem Stilmittel arbeitet Thomas Mann sehr häufig. Vielleicht weil . . .
3 Suchen Sie einen Zusammenhang zwischen dem äußeren Rahmen und dem Inhalt des Gesprächs.

9. Kurs: Kritik

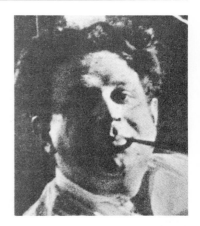

Karl Kraus. Im April 1899 erschien in Wien zum erstenmal eine Zeitschrift, die einen neuen Maßstab setzte: *Die Fackel.* Ein Unikum: die 25 000 Seiten des Blattes (das 1933 sein Erscheinen einstellte) schrieb nahezu einer allein, Karl Kraus. „Mit seiner Fackel nahm Karl Kraus eine beherrschende Stellung im kulturellen wie politischen Leben der österreichischen Hauptstadt ein" (Meinhard Prill). Kraus (1874–1936) gilt, sicher zu Recht, als der bedeutendste deutschsprachige Kritiker unseres Jahrhunderts. „Dies ist keine Parteiangelegenheit und keine Landesfrage. Hier ruft ein Mensch und gibt euch alles in allem: Kunst, Gesinnung, Politik und sein rotes, reines Herzblut" (Tucholsky). 1909 *Sprüche und Widersprüche.* 1919 *Die letzten Tage der Menschheit.* 1932–1936 *Die Sprache.* Unser Bild: Kraus 1933

Kurt Tucholsky (1890–1935). Als die Nazis im Mai 1933 die Bücher „entarteter Dichter" verbrannten, waren Tucholskys Werke wohl die gefürchtetsten und prominentesten auf diesem Scheiterhaufen. Denn seit 1923 war Tucholsky nicht müde, gegen Hitler zu kämpfen und die gedankenlose Menge des Wahlvolks zu warnen: „Kerle wie Mussolini oder der Gefreite Hitler leben nicht so sehr von ihrer eigenen Stärke wie von der Charakterlosigkeit ihrer Gegner". Tucholsky schrieb nicht nur politische und zeitkritische Analysen, sondern auch Romane, Lyrik, nachdenkliche Prosa. 1912 *Rheinsberg* (Roman). 1919 *Fromme Gesänge* (polemische Lyrik). 1922 *Die verkehrte Welt.* 1929 *Deutschland, Deutschland über alles.* 1931 *Lerne lachen ohne zu weinen.* Unser Bild: Tucholsky 1915

Am 10. Mai 1933 verbrannten die Nazis (der Tradition der Inquisition folgend) die Bücher nahezu aller bekannten deutschen Schriftsteller des 20. Jahrhunderts, denn sie alle kämpften für die Sache des Pazifismus oder Sozialismus und galten daher als „entartet" (degeneriert, krank).

Eine Information

Schwierigkeitsgrad C

Vorbereitung

1 Womit machen Skandalblätter ihr Geschäft? Zählen Sie auf . . .

2 Zum Bild: Hier ist etwas Furchtbares passiert. Was sehen die Leute? Wie reagieren sie?

3 Der Mann in der Mitte des Bildes ist ein Journalist. Was sagt er?

Textarbeit

Lesen Sie nun den folgenden ersten Teil eines Zeitungsberichts. Fassen Sie kurz zusammen: was ist passiert?

Text

Teil 1

Die Tragödie einer kranken Mutter

Springt mit zwei Kindern aus dem vierten Stock. – Mutter und Kinder tot.

Das furchtbare Familiendrama, das sich gestern morgens im Hause Stefaniestraße 2 im II. Bezirk abgespielt hat, erreg- 5 te allgemein die größte Teilnahme. Die 30jährige Reisendensgattin Paula Deixner ist in Abwesenheit ihres Gatten, der sich auf Reisen befindet, mit ihrem dreijährigen Sohne Egon aus einem Fenster ihrer im vierten Stock gelegenen Wohnung auf die Straße gesprungen und ihr älterer Sohn, 10 der neunjährige Paul, ist der Mutter unmittelbar darauf gefolgt, Mutter und Kinder haben den Tod gefunden. Was sich in der Wohnung der Familie abgespielt hat, weiß man nur aus einer Darstellung des armen Paul, der seine Mutter und seinen Bruder nur um wenige Stunden überlebt 15 hat. Es war einige Minuten nach $^1/_2$ 7 Uhr morgens, als der Sicherheitswachmann Karl Aiginger . . . fand Frau Deixner mit ihren Kindern im Blute liegend . . . Während Frau Deixner und der kleine Egon bewußtlos waren, befand sich Paul, der ältere der Knaben, trotz mehrfacher schwerer Verlet- 20 zungen bei vollem Bewußtsein und gab die folgende Darstellung der Schreckenstat.

die Reisendensgattin (altmodisch)	= Ehefrau eines Vertreters
der Sicherheitswachmann (österreichisch)	= Polizist

Textarbeit

1 Versuchen Sie, das Ereignis aus der Perspektive des neunjährigen Paul zu erzählen.

2 Lesen Sie nun den zweiten Abschnitt des Zeitungsberichts. Erzählen Sie, was in der Zeit zwischen dem Sturz und dem Tod Pauls geschieht.

3 Wie erfährt der Journalist von der Tat?

4 Wie wird die Tat zum Presseartikel?

Text

Teil 2

Was der kleine Paul erzählte

Die Mutter, die seit einiger Zeit krank war und seit gestern abends eine Pflegerin hatte, erwachte heute früher als sonst. 25 Sie klagte über Schmerzen und bat die Pflegerin, ihr einen Tee zu kochen. Während die Krankenpflegerin in der Küche den Tee bereitete, sagte die Mutter:

„Paulchen, ich werde mit Egon aus dem Fenster springen.
30 Spring' Du mit!"
Ich fragte: „Warum denn, Mutter?"
Darauf sagte sie: „Wir wollen nicht länger leben!"
Der Knabe erzählte dann, von fortwährendem Schluchzen
unterbrochen, daß er um Hilfe rufen wollte. Da habe die
35 Mutter ihm gedroht, sofort mit Egon aus dem Fenster zu
springen. Dann habe sie ihm wieder zugeredet und habe
unter anderem gesagt:
„Paulchen, was wirst Du mit Papa allein machen, wenn
Egon und ich nicht mehr da sind?"
40 Bevor der Knabe noch eine Antwort gab, riß die Mutter das
Fenster auf, stieß den kleinen Egon vom Fensterbrett und
stürzte sich gleichzeitig selbst in die Tiefe. Ohne zu wissen,
was er tat, schwang sich nun auch Paul auf das Fensterbrett
und stürzte sich mit dem Rufe: „Mutter!" ebenfalls aus dem
45 Fenster.
Fast gleichzeitig sausten Mutter und Kinder zur Erde nieder
und als im nächsten Augenblicke Passanten und Nachbarn
sich um sie bemühten, gaben Frau Deixner und das jüngere
der Kinder keine Lebenszeichen mehr von sich.

Textarbeit

Lesen Sie nun die folgende Stellungnahme von Karl
Kraus. Gleich nach der ersten Lektüre können Sie fest-
stellen:

Kraus   lobt den Journalisten
        kritisiert den Journalisten

Text

Teil 3

50 Er hatte, wie der Telegraphist der Titanic bis zum
letzten Augenblick seinen Dienst versehen. Aber
sein Fall ist grauenhafter. Er war schon im Ertrin-
ken und mußte noch die Fragen der Menschenhaie
beantworten, die Gelegenheit hatten. Er lag im Blu-
55 te und mußte den Polizeireportern und dem Ver-
treter des Illustrierten Wiener Extrablatts Auskunft
geben, über den Hergang der Tat, über seine Ein-
drücke. Der Bericht ist authentisch, sie haben ihn
aus erster Hand, sie rühmen sich dessen. Es geht
60 über die Fassungskraft. Ein Kind erzählt dem Inter-
viewer, wie es aus dem Fenster sprang. „Sie sagte:
Spring' Du mit!" „Ich fragte: Warum denn, Mutter?", „Ich stürzte mich mit dem Rufe: Mutter! eben-

falls aus dem Fenster." Die Presse ringt mit dem
Tode, um früher als er am Sterbebett eines bluten- 65
den Kindes zur Information zu kommen. Vor diesem Schauspiel verstummt aller Haß und alle Ver-
achtung der Presse. Nichts läßt es übrig als Trauer:
ich vermisse diese Menschen in der Totenliste der
Titanic. 70

KARL KRAUS (1912)
Fackel 347–48: 55 f.

seinen Dienst versehen = seine Pflicht erfüllen
die Fassungskraft   = Verstand
mit dem Tode ringen   = mit dem Tod kämpfen

Unterhaltung

1 Kann man den kleinen Paul wirklich mit dem Telegraphisten der Titanic vergleichen?
2 Wer sind die Menschenhaie?
3 Warum hält Kraus das Schicksal Pauls für grauenhafter als das Schicksal des Telegraphisten?
4 Der Autor trauert über . . .
5 Nehmen Sie Stellung zu Artikel und Kommentar.
6 Wie sollte nach der Meinung von Karl Kraus guter
   Journalismus aussehen? Und Ihre Meinung dazu?
   Was erwarten Sie von einer guten Zeitung?

Der Mensch

Schwierigkeitsgrad C

Text

Der Mensch hat zwei Beine und zwei Überzeugun-
gen: eine, wenns ihm gut geht, und eine, wenns
ihm schlecht geht. Die letztere heißt Religion.
Der Mensch ist ein Wirbeltier und hat eine un-
sterbliche Seele, sowie auch ein Vaterland, damit er 5
nicht zu übermütig wird.
Der Mensch wird auf natürlichem Wege herge-
stellt, doch empfindet er dies als unnatürlich und

spricht nicht gern davon. Er wird gemacht, hinge-
10 gen nicht gefragt, ob er auch gemacht werden
wolle.

Der Mensch ist ein nützliches Lebewesen, weil er
dazu dient, durch den Soldatentod Petroleumak-
tien in die Höhe zu treiben, durch den Bergmanns-
15 tod den Profit der Grubenherren zu erhöhen, sowie
auch Kultur, Kunst und Wissenschaft.

Der Mensch hat neben dem Trieb der Fortpflan-
zung und dem, zu essen und zu trinken, zwei Leidenschaften: Krach zu machen und nicht zuzuhö-
20 ren. Man könnte den Menschen geradezu als ein
Wesen definieren, das nie zuhört. Wenn er weise
ist, tut er damit recht: denn Gescheites bekommt er
nur selten zu hören. Sehr gern hören Menschen:
Versprechungen, Schmeicheleien, Anerkennun-
25 gen und Komplimente. Bei Schmeicheleien emp-
fiehlt es sich, immer drei Nummern gröber zu verfahren als man es grade noch für möglich hält.

Der Mensch gönnt seiner Gattung nichts, daher hat
er die Gesetze erfunden. Er darf nicht, also sollen
30 die andern auch nicht.

Um sich auf einen Menschen zu verlassen, tut man
gut, sich auf ihn zu setzen; man ist dann wenigstens
für diese Zeit sicher, daß er nicht davonläuft. Manche verlassen sich auf den Charakter.

35 Der Mensch zerfällt in zwei Teile:

In einen männlichen, der nicht denken will, und in
einen weiblichen, der nicht denken kann. Beide
haben sogenannte Gefühle: man ruft diese am si-
chersten dadurch hervor, daß man gewisse Ner-
40 venpunkte des Organismus in Funktion setzt. In
diesen Fällen sondern manche Menschen Lyrik
ab.

Der Mensch ist ein pflanzen- und fleischfressendes
Wesen; auf Nordpolfahrten frißt er hier und da
45 auch Exemplare seiner eigenen Gattung; doch
wird das durch den Faschismus wieder ausge-
glichen.

Der Mensch ist ein politisches Geschöpf, das am
liebsten zu Klumpen geballt sein Leben verbringt.

Jeder Klumpen haßt die andern Klumpen, weil sie 50
die andern sind, und haßt die eignen, weil sie die
eignen sind. Den letzteren Haß nennt man Patrio-
tismus.

Jeder Mensch hat eine Leber, eine Milz, eine Lunge
und ein Fahne; sämtliche vier Organe sind lebens- 55
wichtig. Es soll Menschen ohne Leber, ohne Milz
und mit halber Lunge geben; Menschen ohne Fahne gibt es nicht.

Schwache Fortpflanzungstätigkeit facht der
Mensch gern an, und dazu hat er mancherlei Mit- 60
tel: den Stierkampf, das Verbrechen, den Sport und
die Gerichtspflege.

Menschen miteinander gibt es nicht. Es gibt nur
Menschen, die herrschen, und solche, die beherrscht werden. Doch hat noch niemand sich sel- 65
ber beherrscht; weil der opponierende Sklave immer mächtiger ist als der regierungssüchtige Herr.
Jeder Mensch ist sich selbst unterlegen.

Wenn der Mensch fühlt, daß er nicht mehr hinten
hoch kann, wird er fromm und weise; er verzichtet 70
dann auf die sauern Trauben der Welt. Dieses
nennt man innere Einkehr. Die verschiedenen Al-
tersstufen des Menschen halten einander für ver-
schiedne Rassen: Alte haben gewöhnlich vergessen, daß sie jung gewesen sind, oder sie vergessen, 75
daß sie alt sind, und Junge begreifen nie, daß sie alt
werden können.

Der Mensch möchte nicht gern sterben, weil er
nicht weiß, was dann kommt. Bildet er sich ein, es
zu wissen, dann möchte er es auch nicht gern; weil 80
er das Alte noch ein wenig mitmachen will. Ein wenig heißt hier: ewig.

Im übrigen ist der Mensch ein Lebewesen, das
klopft, schlechte Musik macht und seinen Hund
bellen läßt. Manchmal gibt er auch Ruhe, aber 85
dann ist er tot.

Neben den Menschen gibt es noch Sachsen und
Amerikaner, aber die haben wir noch nicht gehabt
und bekommen Zoologie erst in der nächsten
Klasse. 90

KURT TUCHOLSKY (1931)

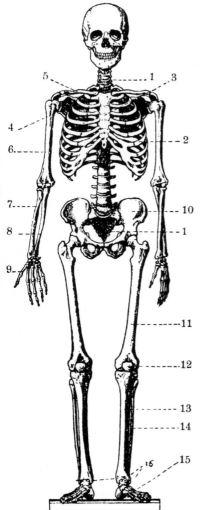

5 --- 1 3
4 ---
6 ---
   --- 2
7 ---
   --- 10
8 ---
   --- 1
9 ---
   --------- 11
   --------- 12
   --------- 13
   --------- 14
   16   --- 15

Textarbeit

Die Begriffe, die Tucholsky hier verwendet, stammen aus mindestens drei Bereichen: Biologie, Politik, Kultur/Religion. Bitte machen Sie eine Tabelle und ordnen Sie die Wörter den drei Bereichen zu. Welche der drei Bereiche überwiegt und bestimmt dadurch den Charakter des Textes?

Die Haut überdeckt die gesamte Oberfläche des Körpers. Sie besteht aus zwei Schichten: aus Ober- und Unterhaut. Die untere Schicht nennt man auch Lederhaut, weil aus der gleichen Hautschicht vieler Tiere Leder bereitet wird.

Aus der Haut ragen kürzere oder längere Haare hervor. Das Kopfhaar schützt das im Kopf (Schädel) liegende Gehirn vor zu großer Hitze oder Kälte.

Das Knochengerüst oder Skelett gibt den Weichteilen des Körpers Halt und Stütze. Die meisten Knochen können gegeneinander bewegt werden. Dies geschieht in den Gelenken.

Schädel. Die Knochen des Kopfes bilden zusammen den Schädel. An ihm ist ein Gehirn- und ein Gesichtsteil zu unterscheiden.

Aus dem Schulbuch von Otto Schmeil: Tierkunde (1920)

Unterhaltung

a Was fällt Ihnen auf, wenn Sie die beiden Texte vergleichen?

b Könnte Tucholskys Text auch in einem Biologiebuch stehen? Warum? Warum nicht?

c Welche Absichten verfolgt Tucholsky mit seinem Text? Stellen Sie Hypothesen auf.

d Welche Stilsorte hat Tucholsky für diesen Text gewählt? Er hat ihn nicht so geschrieben, wie er als Journalist ihn schreiben würde. Sie finden das am besten heraus, wenn Sie die drei letzten Zeilen seines Textes lesen. Finden Sie in dem Tucholsky-Text die Stellen, die typisch für diese Stilsorte sind.

e Untersuchen Sie jetzt genauer die Zeilen 54–58. Warum ist die Fahne ein lebenswichtiges Organ?

f Es ist ein Stilmerkmal dieses Textes, scheinbar nicht zusammengehörige Begriffe nebeneinanderzustellen. Was will der Autor damit zeigen?

10. Kurs: Bühne des Umdenkens

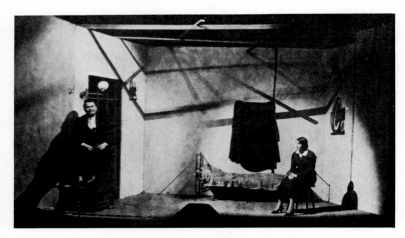

Bertolt Brecht: Baal. Aufführung am Deutschen Theater Berlin 1926. (Das Stück entstand 1919)

Bertolt Brecht, „Brennpunkt des großen Konflikts, der unsere Zeit durchzieht" (M. Kesting), geboren 1898 in Augsburg, arbeitete mit den Theatern in München und Berlin zusammen, floh vor den Nazis nach Skandinavien und Kalifornien, lebte von 1948 bis zu seinem Tod 1956 in Berlin (Ost). Ein Umdenker, politisch, künstlerisch, intellektuell, Entdecker und Erfinder neuer Perspektiven, vielleicht der konsequenteste Praktiker der dialektischen Methode. Oft sind seine neu entworfenen Situationen „die bewußte Umkehrung der altbekannten Situation, so im *Kaukasischen Kreidekreis* das Urteil des Salomo, aus dem patriarchalischen in ein humaneres Zeitalter erhoben: das Kind wird nicht der Mutter, sondern der Mütterlichen zugesprochen. Oder die Situationen im *Galilei:* der Erkennende, der sich weigert, ein Held zu sein, der seine Person in den Schmutz duckt, damit sein Werk ihn überdauere" (Ernst Fischer). 1928 *Dreigroschenoper.* 1938/39 *Der gute Mensch von Sezuan.* 1939 *Mutter Courage und ihre Kinder.* 1948 *Kalendergeschichten.* – Das nebenstehende Foto wird hier erstmalig veröffentlicht. Es zeigt Brecht in Schweden 1939.

Ödön von Horváth greift das traditionelle bayrisch-österreichische Volksstück auf, stellt es aber auf einen doppelten Boden, er „zerstört" es, indem er die Personen die Lügen ihres Lebens und Denkens mit grausamer Wahrheit spielen und aussprechen läßt, eine Parodie der kleinbürgerlichen Wirklichkeit, in der einem das Lachen stirbt, diese Denkpausen nennt Horváth „Stille". „Horváth hatte ein einmaliges Verantwortungsbewußtsein seinen Figuren und damit dem Theater gegenüber" (Franz Xaver Kroetz). Er „war Moralist . . . nicht so sehr infolge von sozialen oder ökonomischen Überlegungen, eher aus einer religiösen Veranlagung" (Klaus Mann). 1901 Geburt in Rijeka (heute Jugoslawien). 1927 *Die Bergbahn* (Volksstück). 1930 *Der ewige Spießer* (Roman). 1931 *Geschichten aus dem Wiener Wald* (Volksstück). 1932 *Kasimir und Karoline. Glaube Liebe Hoffnung* (Volksstücke). 1938 Tod in Paris. – Foto 1931.

Geschenke

Schwierigkeitsgrad C

Gedankenspiele

Welche Geschenke passen zu wem?
Und warum?

Unterhaltung

Wie muß ein Geschenk sein? Womit kann ich einem Menschen Freude machen, nicht nur für den Augenblick? Sammeln Sie Ihre Ideen in kleinen Gruppen und sprechen Sie dann im Plenum.

ein Stück frische Leber

ein Fußball

ein Telefon

eine Theaterkarte

ein Kanarienvogel

eine Schachtel Farbstifte

Rosen

ein Freßkorb

ein Tirolerhut

ein Lexikon

Shakespeares Komödien

ein Italienischkurs

ein Ring

eine 45jährige alleinstehende Frau

ein Grundschulkind

eine Putzfrau

ein Altenheimbewohner

eine Katze

ein 16jähriges Mädchen

ein Medizinstudent

Zwei Texte 👓

Schenke groß oder klein,
Aber immer gediegen.
Wenn die Bedachten
Die Gaben wiegen,
Sei dein Gewissen rein.

Schenke herzlich und frei.
Schenke dabei
Was in dir wohnt
An Meinung, Geschmack und Humor,
So daß die eigene Freude zuvor
Dich reichlich belohnt.

Schenke mit Geist ohne List.
Sei eingedenk,
Daß dein Geschenk
Du selber bist.

JOACHIM RINGELNATZ (1930)

👓

Die Schüler Me-tis überlegten, was sie dem Lehrer schenken könnten. Der erste beschloß, etwas zu schenken, womit Me-ti produzieren konnte; der zweite, etwas, was er selber produziert hatte, damit er sähe, daß seine Lehre zur Produktion führe; der dritte sagte: Ich werde ihm ein Geschenk schenken. Eine warme Weste, die er dem brustkranken Ug-ge schenken kann. Das wird ihn am meisten freuen.

BERTOLT BRECHT (1940)

Schreibschule

Wählen Sie aus den beiden kleinen Texten die drei (für Sie) wichtigsten Gedanken. Machen Sie daraus einen kleinen Text.

Sein oder Gutsein

Schwierigkeitsgrad B

Text

DIE FRAU: War das richtig, liebe Shen Te?
DIE SHIN: Wenn Sie den Laden so eröffnen, werden
Sie ihn keine drei Tage haben.
DER MANN: Ich wette, er hatte noch Geld in der
5 Tasche.
SHEN TE: Er sagte doch, daß er nichts hat.
DER NEFFE: Woher wissen Sie, daß er Sie nicht an-
gelogen hat?
SHEN TE *aufgebracht*: Woher weiß ich, daß er mich
10 angelogen hat!
DIE FRAU *kopfschüttelnd*: Sie kann nicht nein sagen!
Du bist zu gut, Shen Te. Wenn du deinen Laden behalten willst, mußt du die eine oder andere Bitte
abschlagen können.
15 DER MANN: Sag doch, er gehört dir nicht. Sag, er ge-
hört einem Verwandten, einem Vetter zum Beispiel, der von dir genaue Abrechnung verlangt.
Kannst du das nicht?
DIE SHIN: Das könnte man, wenn man sich nicht
20 immer als Wohltäterin aufspielen müßte.
SHEN TE *lacht*: Schimpft nur! Ich werde euch gleich
das Quartier aufsagen, und den Reis werde ich zu-
rückschütten!
DIE FRAU *entsetzt*: Ist der Reis auch von dir?
25 SHEN TE *zum Publikum*:
   Sie sind schlecht.
   Sie sind niemandes Freund.
   Sie gönnen keinem einen Topf Reis.
   Sie brauchen alles selber.
30   Wer könnte sie schelten?

BERTOLT BRECHT

Aus dem Stück
Der gute Mensch von Sezuan (1938–40), Bild 1

Zeile 9: aufgebracht = ärgerlich
Zeile 14: (eine Bitte) ab- = nicht erfüllen
     schlagen
Zeile 20: sich aufspielen = prahlen, sich wichtig machen
Zeile 22: aufsagen = kündigen

„Laut denken"

Was ging voraus? Finden Sie mehrere Möglichkeiten.
Verteilen Sie die Rollen und spielen Sie die Szene, die
vorausging.

Textarbeit

1 Versuchen Sie, die beiden Positionen Zeile 7–10 zu
  formulieren. Welches Prinzip vertritt der Neffe, welches Shen Te?
2 Auf welche Positionen verteilen sich die übrigen Personen der Szene?
3 Finden Sie für beide Parteien weitere Argumente.
  Bilden Sie zwei Gruppen und führen Sie eine grund-
  sätzliche Diskussion.
4 Ein Vers von Wilhelm Busch lautet:
     Das Gute, dieser Satz steht fest
     Ist stets das Böse, das man läßt.
  Der Filmregisseur Helmut Käutner dreht (in seinem
  Film „Der Apfel ist ab", 1948) diesen Satz um und
  läßt den Teufel mit den Worten auftreten:
     Das Böse, dieser Satz steht fest
     Ist stets das Gute, das man läßt.
  Welcher Satz ist richtig? Oder halten Sie beide Sätze
  für richtig/falsch?
5 Erklären Sie die Logik des abschließenden Shen-
  Te-Lieds.

Werkstatt

In dieser kurzen Szene ist der Konflikt des Theater-
stücks *Der gute Mensch von Sezuan* in der Nußschale
enthalten. Überlegen Sie, wie das Theaterstück wei-
tergehen könnte.
Aufgabe an eine kleine Gruppe: Informieren Sie sich
über den Inhalt des Stücks und berichten Sie in der
Klasse darüber. Vergleichen Sie Ihre eigenen Versionen
mit Brecht.

Zeile 28: nicht gönnen = neiden
     gönnen = sich freuen, daß der andere
        etwas hat
Zeile 30: schelten = schimpfen, tadeln

Der Traum vom Fliegen

Schwierigkeitsgrad B

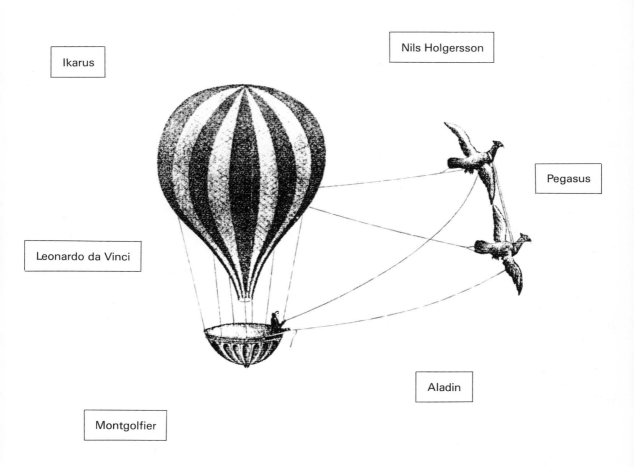

Ikarus

Nils Holgersson

Pegasus

Leonardo da Vinci

Montgolfier

Aladin

- Haben Sie schon einmal geträumt, Sie könnten fliegen? Erzählen Sie!
- Der Traum vom Fliegen spiegelt sich in Märchen, Sagen und phantastischen Geschichten. Stellen Sie (möglichst auf einer Plakatwand) zusammen, mit welchen Mitteln sich die Menschen in diesen Märchen und Geschichten in die Luft erheben.
- Weiß jemand etwas über die ersten Flugversuche der Menschheit? Wer kann berichten?

Text A

Der Schneider von Ulm
(Ulm 1592)

Bischof, ich kann fliegen
Sagte der Schneider zum Bischof.
Paß auf, wie ich's mach!
Und er stieg mit so 'nen Dingen
5 Die aussahn wie Schwingen
Auf das große, große Kirchendach.

        Der Bischof ging weiter.
        Das sind lauter so Lügen
        Der Mensch ist kein Vogel
10   Es wird nie ein Mensch fliegen
        Sagte der Bischof vom Schneider.

Der Schneider ist verschieden
Sagten die Leute dem Bischof.
Es war eine Hatz.
15 Seine Flügel sind zerspellet
Und er liegt zerschellet
Auf dem harten, harten Kirchenplatz.

        Die Glocken sollen läuten
        Es waren nichts als Lügen
20   Der Mensch ist kein Vogel
        Es wird nie ein Mensch fliegen
        Sagte der Bischof den Leuten.

BERTOLT BRECHT (1938)

Textarbeit

1) Was ist der Schneider in der Sicht

Brechts

der Kirche | der Bürger

2) In diesem Text kommt es zu einem Zusammenstoß zweier Weltanschauungen.

?   KIRCHE

Tragen Sie alles an die Pfeile, was diese beiden Parteien unterscheidet.

3) Der gescheiterte Flugversuch des Ulmer Schneiders Berblinger fand 1811 an der Donau statt. Warum datiert Brecht das Ereignis wohl über zweihundert Jahre zurück?

4) Welche sonstigen Änderungen nimmt Brecht vor? Überlegen Sie, was er damit bezweckt.

Historisches Ereignis 31. Mai 1811	Brecht-Gedicht
Der Schneider springt von der 20 m hohen Plattform eines Gerüsts herab.	
Der Probeflug ist von den Ulmer Stadtvätern genehmigt.	
Der Schneider fliegt tatsächlich wenige Augenblicke.	
Er stürzt in die Donau.	
Er wird gerettet und flieht aus der Stadt.	

Vorbereitung

Sie kennen aus einer Geschichte nur den folgenden kleinen Ausschnitt:

„Ist es nun endlich soweit, Vater?"
Der Alte antwortete: „Ja, Tochter, die Zeit ist gekommen. Geh, und Friede sei mit dir."
Er streckte seine Arme gegen sie aus. Da sprang sie geradewegs in die Luft und flog wie ein Vogel über Felder und Wald.

Um was für eine Geschichte könnte es sich handeln? Worum könnte es inhaltlich gehen? (Beachten Sie vor allem die unterstrichenen Ausdrücke!)
Lesen Sie die Geschichte, und ergänzen oder korrigieren Sie gemeinsam die vorher geäußerten Vermutungen.

Text B

Die fliegenden Afrikaner
– Ein amerikanisches Sklavenmärchen –

Es war einmal ein grausamer weißer Mann auf den Plantagen im Süden der Vereinigten Staaten, der trieb seine Negersklaven so unbarmherzig bei der Arbeit an, daß viele von ihnen vor Erschöpfung zusammenbrachen und starben. 5
Der weiße Herr kannte kein Mitgefühl. Für jeden Sklaven, der umkam, kaufte er einen neuen, und dem erging es nicht anders: Er wurde verprügelt, gehetzt und geschunden.
Eines Tages, als der weiße Herr durch seine Grau- 10
samkeit wieder einmal viele Sklaven verloren hat-

te, fuhr er in die Stadt und brachte von dort einige
Neger mit, die eben erst aus Afrika herübergekom-
men waren. Ohne sich darum zu kümmern, daß sie
15 von der langen Reise von der Stadt zur Plantage
müde, hungrig und durstig waren, schickte der
Herr sie sofort zur Arbeit auf die Baumwollfelder.
Sie arbeiteten von Sonnenaufgang bis Sonnenun-
tergang. Männer, Frauen und Kinder – alle wurden
20 sie immer wieder von dem Aufseher geschlagen,
wenn sie auch nur einen Augenblick beim Jäten des
Unkrauts zwischen den Baumwollpflanzen inne-
hielten. Auch mittags durften sie sich nicht ausru-
hen, obwohl sie fast umkamen vor Durst, Müdig-
25 keit und Hitze.

Nun war unter den Sklaven eine junge Frau, die vor
kurzem ihr erstes Kind geboren hatte. Sie war noch
schwach und hätte eigentlich nicht aufs Feld ge-
schickt werden dürfen, bis sie sich von der Geburt
30 erholt hatte. Aber der Besitzer der Plantage gönnte
ihr keine Ruhe. Sie mußte, wie die anderen auch,
auf den Baumwollfeldern schuften. Da sie sich von
ihrem Baby nicht trennen wollte, trug sie es auf den
Rücken gebunden bei sich.
35 Das Baby weinte. Die Frau versuchte, das Kind zu
beruhigen, und blieb einen Augenblick stehen. Der
Aufseher blickte mißtrauisch zu ihr hin. Sie beugte
sich wieder nieder, um weiter Unkraut zu jäten,
aber da sie sehr schwach war und erschöpft von der
40 großen Hitze, stolperte sie und fiel hin.
Der Aufseher schlug mit der Peitsche auf sie ein, bis
sie wieder auf den Beinen stand und sich weiter
mühte.
Die Frau sprach mit dem alten Mann, der neben ihr
45 arbeitete. Er war der Älteste von allen, groß, stark
und mit einem langen Bart. Er erwiderte etwas, aber
der Aufseher konnte nicht verstehen, was sie sprachen. Sie redeten eine fremde, afrikanische
Sprache.
50 Die Frau arbeitete weiter. Nicht lange, und sie fiel
abermals vor Schwäche hin. Wieder schlug sie der
Aufseher, bis sie sich aus ihrer Ohnmacht aufraffen
konnte. Und wieder fragte sie den alten Mann etwas, der aber sagte: „Jetzt noch nicht Tochter, jetzt
55 noch nicht."

Also versuchte sie weiter, ihre Arbeit zu tun. Bald
kam die Ohnmacht wieder. Aber als nun der Aufseher herbeigestürzt kam, um sie zu schlagen und an-
zutreiben, blickte die Frau bittend den alten Mann
an und fragte: „Ist es nun endlich soweit, Vater?" 60
Der Alte antwortete: „Ja, Tochter, die Zeit ist gekommen. Geh, und Friede sei mit dir."
Er streckte seine Arme gegen sie aus. Da sprang sie
geradewegs in die Luft und flog wie ein Vogel über
Felder und Wald. 65
Der Aufseher lief ihr bis zum Rand des Feldes nach,
aber er vermochte nicht, sie zu ergreifen. Hoch
über seinem Kopf, über dem Zaun und über den
Wipfeln der Bäume flog sie mit ihrem Baby auf dem
Rücken. 70
Der Aufseher machte kehrt. Nun wollte er seinen
Zorn an den anderen Sklaven auslassen. Eine war
entkommen, um so härter würden die anderen arbeiten müssen. Die Sonne brannte heiß auf die Felder nieder. Bald fiel wieder ein Mann um. Der Auf- 75
seher prügelte ihn. Als der Erschöpfte wieder auf
den Beinen stand, rief ihm der große alte Mann etwas in einer fremden Sprache zu. Da lachte der ge-
prügelte, müde Sklave dem Aufseher ins Gesicht,
sprang in die Luft und segelte wie eine Möwe hin 80
über Feld und Wald.
Der Aufseher wußte sich keinen Rat mehr. Er rann-
te zu seinem Herrn und erzählte ihm, was geschehen war. Der Herr hörte seinen Bericht an und
sprach: „Ergreift den Alten. Er ist an allem 85
schuld."
Der Aufseher rief seine Gehilfen zu sich. Beide nahmen sie einen Knüppel in die Hand und wollten
sich auf den Alten stürzen. Aber der alte Mann
lachte ihnen ins Gesicht und sagte einige Worte 90
laut zu den Sklaven, den alten und den neuen. Und
während er sprach, erinnerten sie sich plötzlich an
etwas, das sie längst vergessen hatten, an eine Kraft,
die sie einmal besessen hatten und die ihnen verlo-
rengegangen war. Alle drängten sich zusammen, 95
der alte Mann hob die Hand, und mit einem Freu-
denschrei sprangen sie alle in die Luft. Sie flogen
wie ein Schwarm Krähen über das Feld, über den
Zaun, über die Wipfel der Bäume, und als letzter

100 flog der alte Mann. Die Männer klatschten in die Hände. Die Frauen sangen, und die Kinder winkten nach unten und hatten keine Angst, wie sie dort so hoch oben am Himmel dahinflogen.
Der Besitzer der Plantage, der Aufseher und seine
105 Gehilfen sahen ihnen erstaunt nach. Bald waren die fliegenden Sklaven weit fort, und am Horizont wirbelte nur noch eine Handvoll Blätter.
Wohin sie geflogen sind, wollt ihr wissen? Das hat nie jemand erfahren. Und auch jenes Wort, das der
110 alte Mann rief, ehe sie in den Himmel sprangen, ist unbekannt. Es ist wieder in Vergessenheit geraten. Aber eines weiß ich noch: Als der alte Mann über den letzten Zaun flog, machte er ein Zeichen, deutete auf das Gesicht des grausamen Herrn und rief: „Kuli-ba! Kuli-ba!"
115
Nur müßte man wissen, was dieses Wort bedeutet. Wenn ich den alten Holzfäller wieder treffe, werde ich ihn danach fragen, denn er war dabei, als die Afrikaner mit ihren Frauen und Kindern davonflogen. Er ist ein sehr alter Mann, und er erinnert sich
120 an viele seltsame Begebenheiten.

Aus der Sammlung *Wer bekommt das Opposum?* Märchen und Geschichten der amerikanischen Neger. Weinheim, Basel 1981. S. 55 ff.

Textarbeit

Von wem ist die Rede?

I   grausam
    unbarmherzig
    kein Mitgefühl
    schlagen
    prügeln
    hetzen
    schinden
    antreiben
    seinen Zorn an anderen auslassen

II vor Erschöpfung zusammenbrechen
    schaffen
    hart arbeiten
    müde
    hungrig
    durstig
    schwach
    sterben
    umkommen

III ins Gesicht lachen
    Kraft
    Freudenschrei
    in die Hände klatschen
    singen
    keine Angst

Versuchen Sie, einen inhaltlichen Zusammenhang zwischen den drei Wortlisten herzustellen. Suchen Sie die Ausdrücke im Text auf. Unterstreichen Sie sie.
Geben Sie nun Kurzinformationen zu den unterstrichenen Ausdrücken. Beispiel: Der Aufseher hat kein Mitgefühl. Die Sklaven sind hungrig.

Unterhaltung

Auf welchen der beiden Texte trifft die Aussage zu? (Vielleicht gibt es auch Sätze, die sich auf beide Texte beziehen?)

A B

1 ☐☐ Das Gedicht ist ein Lehrgedicht.

2 ☐☐ Fliegen ist nur als Metapher gemeint.

3 ☐☐ Der Text weckt im Leser Hoffnung.

4 ☐☐ Thema ist die Opposition gegen eine bestimmte Ordnung.

5 ☐☐ Der Text enthält einen Rat, den auch ein heutiger Leser befolgen sollte.

6 ☐☐ Der Verfasser übt offene Kritik an gesellschaftlichen Verhältnissen.

7 ☐☐ Der Verfasser übt versteckte Kritik an gesellschaftlichen Verhältnissen.

8 ☐☐ Jemand versetzt sich nur in Gedanken in eine bessere Welt.

Grabstein

Schwierigkeitsgrad C

Text

I

*Möbliertes Zimmer im achtzehnten Bezirk. Äußerst
preiswert. Um sieben Uhr morgens. Alfred liegt noch
im Bett und raucht Zigaretten. Marianne putzt sich
bereits die Zähne. In der Ecke ein alter Kinderwagen*
5 *– auf einer Schnur hängen Windeln. Der Tag ist grau
und das Licht trüb.*

MARIANNE *gurgelt:* Du hast mal gesagt, ich sei ein
Engel. Ich habe gleich gesagt, daß ich kein Engel
bin – daß ich nur ein gewöhnliches Menschenkind
10 bin, ohne Ambitionen. Aber du bist halt ein kalter
Verstandesmensch.
ALFRED Du weißt, daß ich kein Verstandesmensch
bin.
MARIANNE Doch! *Sie frisiert sich nun.* Ich müßt mir
15 mal die Haar schneiden lassen.
ALFRED Ich auch. *Stille.* Mariannderl. Warum stehst
denn schon so früh auf?
MARIANNE Weil ich nicht schlafen kann.
Stille.
20 ALFRED Also das mit dem Kind muß auch anders
werden. Wir können doch nicht drei Seelen hoch
in diesem Loch vegetieren! Das Kind muß weg!
MARIANNE Das Kind bleibt da.
ALFRED Das Kind kommt weg.
25 MARIANNE Nein. Nie!
Stille.
ALFRED Wo stecken meine Sockenhalter?
MARIANNE *sieht ihn groß an:* Weißt du, was das heut
für ein Datum ist?
30 ALFRED Nein.
MARIANNE Heut ist der Zwölfte.
Stille.
ALFRED Was willst du damit sagen?
MARIANNE Daß das heut ein Gedenktag ist. Heut vor
35 einem Jahr hab ich dich zum erstenmal gesehen. In
unserer Auslag.

– Sie fixiert plötzlich Alfred. Was hast du jetzt gesagt?
ALFRED Wieso?
MARIANNE Du hast gesagt: dummes Kalb.
ALFRED Aber was! 40
MARIANNE Lüg nicht! *Alfred putzt sich die Zähne und
gurgelt.* Du sollst mich nicht immer beschimpfen.
Stille.
ALFRED *seift sich nun ein, um sich zu rasieren:* Liebes
Kind, es gibt eben etwas, was ich aus tiefster Seel 45
heraus haß – und das ist die Dummheit. Und du
stellst dich schon manchmal penetrant dumm. Ich
versteh das gar nicht, warum du so dumm bist! Du
hast es doch schon gar nicht nötig, daß du so
dumm bist! 50
Stille.
MARIANNE Du hast mal gesagt, daß ich dich erhöh
– in seelischer Hinsicht –
ALFRED Das hab ich nie gesagt. Das kann ich gar
nicht gesagt haben. Und wenn, dann hab ich mich 55
getäuscht.
MARIANNE Alfred!
ALFRED Nicht so laut! So denk doch an das Kind!
MARIANNE Ich hab so Angst, Alfred –
ALFRED Du siehst Gespenster. 60
MARIANNE Du, wenn du jetzt nämlich alles verges-
sen hast –

Unterhaltung

Diese Szene spielt auf zwei Ebenen. Sammeln Sie Beispiele:

Worte	Aktionen

Charakterisieren Sie nun die beiden Ebenen.

Unterhaltung

Wie geht das Stück weiter? Bilden Sie Hypothesen.

II

VALERIE *zu Alfred:* Wie groß war er denn schon, der kleine Leopold?
ALFRED So groß –
VALERIE Meine innigste Kondolation.
5 ALFRED Danke. *Er zieht Geldscheine aus seiner Hosentasche.* Da. Jetzt hab ich gestern noch telegraphisch gesetzt und hab in Maisons-Laffitte gewonnen – und heut wollt ich meinem Sohn vierundachtzig Schilling bringen –
10 VALERIE Wir werden ihm einen schönen Grabstein setzen. Vielleicht ein betendes Englein.
ALFRED Ich bin sehr traurig. Wirklich. Ich hab jetzt grad so gedacht – so ohne Kinder hört man eigentlich auf. Man setzt sich nicht fort und stirbt aus.
15 Schad! *Langsam ab mit Valerie.*
MARIANNE Ich hab mal Gott gefragt, was er mit mir vorhat. – Er hat es mir aber nicht gesagt, sonst wär ich nämlich nicht mehr da. – Er hat mir überhaupt nichts gesagt. – Er hat mich überraschen wollen. –
20 Pfui!
OSKAR Marianne! Hadere nie mit Gott!
MARIANNE Pfui! Pfui! *Sie spuckt aus.*
Stille.
OSKAR Mariann. Gott weiß, was er tut, glaub mir das.
25 MARIANNE Kind! Wo bist du denn jetzt? Wo!
OSKAR Im Paradies.
MARIANNE So quäl mich doch nicht –
OSKAR Ich bin doch kein Sadist! Ich möcht dich doch nur trösten . . . Mariann. Ich hab dir mal ge-
30 sagt, daß ich es dir nie wünsch, daß du das durchmachen sollst, was du mir angetan hast – und trotzdem hat dir Gott Menschen gelassen – die dich trotzdem lieben – und jetzt, nachdem sich alles so eingerenkt hat. – Ich hab dir mal gesagt, Mariann,
35 du wirst meiner Liebe nicht entgehn –
MARIANNE Ich kann nicht mehr. Jetzt kann ich nicht mehr –
OSKAR Dann komm – *Er stützt sie, gibt ihr einen Kuß auf den Mund und langsam ab mit ihr*

ÖDÖN VON HORVÁTH (1931)

Aus dem Volksstück *Geschichten aus dem Wiener Wald.*
Zweiter Teil, 2 und Dritter Teil, 4

Werkstatt

(1) Zwischen den beiden Szenen liegen mehrere Veränderungen (aber kein Mord). Versuchen Sie zu erraten, was vorgegangen ist, aber berücksichtigen Sie dabei Horváths weichen, subtilen Stil, der die wahren Vorgänge eher verbirgt als offenlegt.

(2) Horváth ist ein Meister der Atmosphäre. Beschreiben Sie die Atmosphäre der beiden Szenen, und zwar nicht nur oberflächlich, sondern zeigen Sie auch, welche menschlichen Eigenschaften Horváth damit darstellen will.

(3) Wie muß die Bühne für diese beiden Szenen aussehen? Entwerfen Sie zur Auswahl möglichst viele Bühnenbilder und bauen Sie aus diesen Entwürfen gemeinsam die besten zusammen.

(4) Studieren Sie die vier Personen und definieren Sie möglichst scharf ihre Charaktere. Wählen Sie danach aus Ihrem Kreis die Akteure aus, die das am ehesten spielen könnten.

(5) Spielen Sie die Szenen – zunächst genau nach dem Text, dann freier.

(6) Ergänzende Aufgaben:
Version A. Einigen Sie sich auf den Ablauf, der zwischen den beiden Szenen liegt, und schreiben Sie (allein oder in Gruppen) die Zwischenszene(n).
Version B. Besorgen Sie sich Horváths Text und holen Sie aus ihm die wichtigsten Abschnitte, die eine Brücke zwischen den beiden Szenen bilden.
Spielen Sie dann die Zwischenszene(n) und zum Schluß das Ganze.

die Auslage	= im Schaufenster gezeigte Waren
erhöhen, hier:	= höher heben
setzen (Zeile 7):	= in einer Lotterie mitspielen, ein Los zahlen
hadern	= böse sein
es hat sich eingerenkt	= es ist wieder in Ordnung

Geschichte einer kleinen Liebe

Schwierigkeitsgrad B

Text 👓

Still wirds im Herbst, unheimlich still.
Es ist alles beim alten geblieben, nichts scheint sich
verändert zu haben. Weder das Moor noch das
Ackerland, weder die Tannen dort auf den Hügeln
5 noch der See. Nichts. Nur, daß der Sommer vorbei.
Ende Oktober. Und bereits spät am Nachmittag.
In der Ferne heult ein Hund und die Erde duftet
nach aufgeweichtem Laub. Es hat lange geregnet
während der letzten Wochen, nun wird es bald
10 schneien. Fort ist die Sonne und die Dämmerung
schlürft über den harten Boden, es raschelt in den
Stoppeln, als schliche wer umher. Und mit den Ne-
beln kommt die Vergangenheit. Ich sehe Euch wieder, Ihr Berge, Bäume, Straßen – wir sehen uns alle
15 wieder!
Auch wir zwei, du und ich. Dein helles Sommer-
kleidchen strahlt in der Sonne fröhlich und übermütig, als hättest du nichts darunter an. Die Saat
wogt, die Erde atmet. Und schwül wars, erinnerst
20 du dich? Die Luft summte, wie ein Heer unsichtbar-
er Insekten. Im Westen drohte ein Wetter und wir
weit vom Dorfe auf schmalem Steig, quer durch das
Korn, du vor mir – Doch, was geht das Euch an?! Jawohl, Euch, liebe Leser! Warum soll ich das erzäh-
25 len? Tut doch nicht so! Wie könnte es Euch denn
interessieren, ob zwei Menschen im Kornfeld verschwanden! Und dann gehts Euch auch gar nichts
an! Ihr habt andere Sorgen, als Euch um fremde
Liebe – und dann war es ja überhaupt keine Liebe!
30 Der Tatbestand war einfach der, daß ich jene junge
Frau begehrte, besitzen wollte. Irgendwelche „see-
lische" Bande habe ich dabei weiß Gott nicht ver-
spürt! Und sie? Nun, sie scheint so etwas, wie Vertrauen zu mir gefaßt zu haben. Sie erzählte mir
35 viele Geschichten, bunte und graue, aus Büro, Kino
und Kindheit, und was es eben dergleichen in je-

dem Leben noch gibt. Aber all das langweilte mich
und ich habe des öfteren gewünscht, sie wäre taub-
stumm. Ich war ein verrohter Bursche, eitel auf
schurkische Leere. 40
Einmal blieb sie ruckartig stehen:
„Du", und ihre Stimme klang scheu und verwun-
det. „Warum läßt du mich denn nicht in Ruh? Du
liebst mich doch nicht, und es gibt ja so viele schönere Frauen." 45
„Du gefällst mir eben", antwortete ich und meine
Gemeinheit gefiel mir überallemaßen. Wie gerne
hätte ich diese Worte noch einigemale wieder-
holt!
Sie senkte das Haupt. Ich tat gelangweilt, kniff ein 50
Auge etwas zu und betrachtete die Form ihres Kopfes. Ihre Haare waren braun, ein ganz gewöhnliches
Braun. Sie trug es in die Stirne gekämmt, so wie sie
es den berühmten Weibern abgeguckt hatte, die für
Friseure Reklame trommeln. Ja, freilich gibt es 55
Frauen, die bedeutend schöneres Haar haben und
auch sonst – Aber ach was! Es ist doch immer dasselbe! Ob das Haar dunkler oder heller, Stirn frei
oder nicht –
„Du bist ein armer Teufel", sagte sie plötzlich wie zu 60
sich selbst. Sah mich groß an und gab mir einen leisen Kuß. Und ging. Die Schultern etwas hochgezo-
gen, das Kleid verknüllt –
Ich lief ihr nach, so zehn Schritte, und hielt.
Machte kehrt und sah mich nicht mehr um. 65
Zehn Schritte lang lebte unsere Liebe, flammte auf,
um sogleich wieder zu verlöschen. Es war keine
Liebe bis über das Grab, wie etwa Romeo und Julia.
Nur zehn Schritte. Aber in jenem Augenblick
leuchtete die kleine Liebe, innig und geläutert, in 70
märchenhafter Pracht.

ÖDÖN VON HORVÁTH:
GESCHICHTE EINER KLEINEN LIEBE (1929)

Textarbeit

Suchen Sie im Text die Wörter, die zu den folgenden Erklärungen passen:

Zeile

die Tatsache, die Wahrheit

_____ _____

eine große Zahl von

_____ _____

ein schmaler Weg

_____ _____

zog ein Gewitter herauf

_____ _____

stolz darauf sein, an nichts zu glauben
und böse zu sein

_____ _____

heiß und feucht

_____ _____

langsam gehen, ohne die Füße zu
heben

_____ _____

nicht hören und sprechen können

_____ _____

primitiv, mit schlechten Manieren

_____ _____

enttäuscht; beleidigt

_____ _____

ein leises Geräusch machen (Papier)

_____ _____

sehr gut gelaunt

_____ _____

Beziehungen, Verbindungen

_____ _____

heimlich gehen

_____ _____

Strohhalme, die auf dem Feld stehen
bleiben, wenn das Korn geschnitten ist

_____ _____

Farben; Glanz

_____ _____

mehr als alles andere

_____ _____

wie sie es bei den Stars gesehen hatte

_____ _____

rein; sauber

_____ _____

tief

_____ _____

der Kopf

_____ _____

laut Reklame machen

_____ _____

Gegensatz: glatt

_____ _____

10

Textarbeit

1. Der Erzähler bemüht sich, seine Gefühle zu seiner früheren Freundin zu leugnen und „Liebe" als etwas rein Körperliches hinzustellen. Suchen Sie solche Textstellen heraus, die diese Haltung belegen!

2. Der Mann gefällt sich in einer feindlichen Pose gegenüber Frauen. Suchen Sie zu den folgenden fünf Anti-Frauen-Parolen Entsprechungen in der Einstellung des jungen Mannes in der Geschichte:

   a. Frauen halten am besten den Mund. _____

   b. Frauen sind nur fürs Bett. _____

   c. Frauen wollen belogen sein. _____

   d. Die Frauen sind alle gleich. _____

   e. Frauen haben nichts im Kopf als ihr Aussehen. _____

3. Rückblickend erkennt der Erzähler, daß seine Einstellung falsch war. Arbeiten Sie seine Selbstkritik heraus!

4. Interpretieren Sie den Schluß der Geschichte: Was meint der Verfasser mit „Zehn Schritte lebte unsere Liebe, flammte auf, um sogleich wieder zu verlöschen." Warum verlöscht die Liebe? Verlöscht sie wirklich?

5. Der Gegenwart und der Vergangenheit der „Liebe" zwischen dem Mann und der Frau korrespondieren die unterschiedlichen Stimmungen zweier Jahreszeiten, Stellen Sie diese Stimmungen gegenüber:

Vergangenheit Jahreszeit:	Gegenwart Jahreszeit:

6. Horváth benutzt die Naturbeschreibungen auch als indirektes Mittel, den Mann zu charakterisieren. Suchen Sie zu dieser These Beispiele heraus und erläutern Sie sie.

7. Wie werden im Text Herabsetzung und Erhöhung (Idealisierung) ausgedrückt?

↓ Herabsetzung	Zeile	↑ Erhöhung	Zeile

11. Kurs: „Die Kunst muß sich entscheiden"

Hamburg 1945: Deutschland auf dem „Nullpunkt". Die Zerstörung der deutschen Städte – und damit der Tradition – konnte man auch als eine Chance verstehen. Diese Sicht erprobten die Schriftsteller der ersten Jahre nach dem Krieg. Den äußeren „Kahlschlag" erhoben sie zur künstlerischen Parole. Schreiben in diesem Land bedeutet „von vorn anfangen, ganz von vorn" (Weyrauch). „Zerschlagt eure Lieder / verbrennt eure Verse / sagt nackt / was ihr müßt" (Schnurre).

kahl	=	nackt, ohne Haare, ohne Bäume
der Kahlschlag	=	freie Stelle in einem Wald.

Wolfgang Borchert (1921–1947), drei Jahre an der russischen Front, saß 14 Monate in Strafhaft wegen pazifistischer Äußerungen. Sein Werk entstand in den beiden Jahren vor seinem Tod. Kriegsthemen wie Entwurzelung, Verlassenheit, radikaler Anfang, Zeitlosigkeit werden in spröder, schmuckloser Sprache umschrieben. Stärker als das pathetische Heimkehrerstück *Draußen vor der Tür* (1947) ist die knappe, oft wie atemlose Prosa seiner Kurzgeschichten. (Unser Foto: Borchert 1941)

Die Kapitelüberschrift ist ein gekürztes Brecht-Zitat. Voller Wortlaut: „Auch die Kunst muß in dieser Zeit der Entscheidungen sich entscheiden" (Ges. Werke Frankfurt 1967. Band 18, S. 218)

Heinrich Böll (1917–1985), Infanterist 1939–1945 in Frankreich, Rußland, Deutschland. Geschichten, Romane, Hörspiele, Fernsehspiele, Theaterstücke, Reden und Aufsätze. Differenzierte, häufig satirische Darstellung der auf Besitz, Gewalt, Konformismus basierenden etablierten Gesellschaft, meist aus der Perspektive des wehrlos ausgesetzten Außenseiters, des schwarzen Schafs, des Verweigerers. 1950 *Wanderer, kommst du nach Spa . . .* (Erzählungen). Romane: *Und sagte kein einziges Wort* (1953). *Billard um halb zehn* (1959). *Gruppenbild mit Dame* (1971). *Die verlorene Ehre der Katharina Blum* (1974). *Frauen vor Flußlandschaft* (postum 1985). Text von Böll Seite 103.

Günter Grass, geboren 1927 in Danzig, arbeitete als Landarbeiter, Bergmann, Steinmetz, studierte Bildhauerei und lebt seit 1957 als freier Schriftsteller in der Schweiz und in Westberlin. Seine Romane und Erzählungen sind locker gefügte Bilderbogen, mit starken, lustigen Farben ausgemalt, die Figuren oft grotesk wie Märchenfiguren, Gott, Tod, Sex, Ekel sind keine Tabus. 1959 *Die Blechtrommel.* 1969 *Örtlich betäubt.* 1977 *Der Butt* (Romane). 1961 *Katz und Maus* (Erzählung). 1959 *Noch zehn Minuten bis Buffalo* (Stück). Durch ihr seit 1967 immer intensiveres politisches Engagement haben Böll und Grass „mitgeholfen, die Rolle des Schriftstellers neu zu definieren" (G. Austin). Texte von und mit Grass Seite 97 und 102

In grauer Norm

Schwierigkeitsgrad A

Text 👀

1

Soldat Soldat in grauer Norm
Soldat Soldat in Uniform
Soldat Soldat, ihr seid so viel
Soldat Soldat, das ist kein Spiel
Soldat Soldat, ich finde nicht
Soldat Soldat, dein Angesicht
Soldaten sehn sich alle gleich
Lebendig und als Leich

2

Soldat Soldat, wo geht das hin
Soldat Soldat, wo ist der Sinn
Soldat Soldat, im nächsten Krieg
Soldat Soldat, gibt es kein Sieg
Soldat, Soldat, die Welt ist jung
Soldat Soldat, so jung wie du

Die Welt hat einen tiefen Sprung
Soldat, am Rand stehst *du*

3

Soldat Soldat in grauer Norm
Soldat Soldat in Uniform
Soldat Soldat, ihr seid so viel
Soldat Soldat, das ist kein Spiel
Soldat Soldat, ich finde nicht
Soldat Soldat, dein Angesicht
Soldaten sehn sich alle gleich
Lebendig und als Leich

Soldaten sehn sich alle gleich
– lebendig und als Leich

WOLF BIERMANN (1965)

Auf der Cassette singt Biermann (19. 4. 1965)

Textarbeit

1 Wer ist Ihrer Meinung nach das I C H im Lied?
Diskutieren Sie verschiedene Möglichkeiten:

– eine Frau

– ein Pazifist

– ein Kriegsveteran

– _____?

– _____?

2 Versuchen Sie die beiden folgenden Textstellen zu
interpretieren. Stellen Sie zunächst Deutungsvor-
schläge an der Tafel zusammen. Diskutieren Sie
dann über die wahrscheinlichste Lösung.
a. „Ich finde nicht . . . dein Angesicht.''
b. „Die Welt hat einen tiefen Sprung
Soldat, am Rand stehst du.''

3 Wie setzt Biermann das Mittel der Wiederholung
ein? Was bewirkt er damit?

„Laut denken''

Welche Wörter fallen Ihnen spontan zu den 6 Buchsta-
ben des Wortes SOLDAT ein? Erläutern Sie Ihren Mitschülern auf Anfrage, warum Sie ausgerechnet d i e -
s e n Begriff mit dem Wort SOLDAT assoziiert haben.

S

O

L

D

A

T

„Laut denken"

	S	PIEL
UNIF	**O**	RM
	L	EICHE
	D	U
	A	NGESICHT
WEL	**T**	

1 Können Sie zwischen diesen 6 Wörtern einen Sinnzusammenhang herstellen?

2 Suchen Sie diese 6 Wörter in Wolf Biermanns Lied auf. Finden Sie heraus, in welchem Bedeutungszusammenhang sie dort verwendet werden.

Werkstatt

○ Na, wie ist es?
● Ziemlich schief.
○ Wieviel haben Sie noch?
● Wenn es gut geht: viertausend.
○ Wieviel können Sie mir geben?
● Höchstens achthundert.
○ Die gehen drauf.
● Also tausend.
○ Danke.

schief	=	krumm
eine schiefe Lage	=	gefährliche Lage
draufgehen	=	kaputtgehen. Man wird sie verlieren

Überlegen Sie gemeinsam, w e r in diesem Dialog w o r ü b e r sprechen könnte!

Text

Zwei Männer sprachen miteinander.
Na, wie ist es?
Ziemlich schief.
Wieviel haben Sie noch?
Wenn es gut geht: viertausend.
Wieviel können Sie mir geben?
Höchstens achthundert.
Die gehen drauf.
Also tausend.
Danke.
Die beiden Männer gingen auseinander.
Sie sprachen von Menschen.
Es waren Generale.
Es war Krieg.

WOLFGANG BORCHERT (1947*)

Textarbeit

Borcherts Text könnte auch so beginnen:
  Es war Krieg.
  Zwei Männer sprachen miteinander.
  Es waren Generale.
  Sie sprachen von Menschen.
Vergleichen Sie die beiden Versionen. Welche finden Sie besser? Warum macht es Borchert anders? Was erreicht er dadurch?

Gespräch

In den beiden Gedichten werden zwei Positionen vertreten:
  die Stimme der Menschenliebe,
  die Stimme der Menschenverachtung.
Geben Sie dafür Beispiele aus den Texten (Beispiel: „die Welt ist jung" – so spricht die Menschenliebe).

---

* Datierung des Borchert-Textes nach Peter Rühmkorf: Wolfgang Borchert. Reinbek 1961. S. 133

Von dem Fischer und seiner Frau

Schwierigkeitsgrad B

Text

Es war einmal ein Fischer und seine Frau, die wohnten zusammen nahe am Meer in einer so erbärmlichen Hütte, daß sie sie „Pißpott" nannten. Der Fischer ging jeden Tag angeln. Das machte er
5 viele Jahre lang.
Eines Tages saß er wieder mit seiner Angel am Meer. Da ging die Angel tief auf den Grund, und als er sie heraufholte, holte er einen großen Butt herauf. Der sagte zu ihm: „Ich bitte dich, laß mich leben, ich
10 bin gar kein rechter Butt, ich bin ein verzauberter Prinz." – „Nun", sagte der Mann, „einen Butt, der sprechen kann, werde ich doch wohl schwimmen lassen." Da warf er ihn wieder ins Wasser. Er ging zu seiner Frau in den „Pißpott" und erzählte ihr alles.
15 „Hast du dir denn gar nichts gewünscht?" fragte die Frau. „Nein", sagte der Mann, „was soll ich denn wünschen?" – „Ach", sagte die Frau, „es ist doch schlimm, immer in dem Pißpott zu wohnen. Geh doch mal hin und wünsch uns eine richtige Hütte!"
20 Dem Mann war das gar nicht recht, doch er ging ans Meer. Das war ganz gelb und grün. Er stellte sich ans Ufer und rief:

> Manntje, Manntje, Timpe Te
> Buttje, Buttje in der See!
25 > Meine Frau, die Ilsebill,
> Will nicht so, wie ich wohl will.

Da kam der Butt angeschwommen und sagte: „Na, was will sie denn?" – „Ach", sagte er, „sie mag nicht mehr im Pißpott wohnen, sie will eine richtige Hüt-
30 te haben." – „Geh nur hin", sagte der Butt, „sie hat sie schon."
Da ging der Mann nach Hause, und seine Frau saß vor der neuen Hütte und sagte: „Sieh, nun ist es doch viel besser!" In der Hütte gab es eine Stube,
35 eine Kammer und eine Küche, und hinter der Hütte war ein kleiner Garten mit allerlei Pflanzen und ein Hof mit Hühnern und Enten. „Ach", sagte der Mann, „nun laß uns vergnügt leben." – „Das wollen wir überdenken", sagte die Frau.
Nach zwei Wochen sagte sie: „Mann, die Hütte 40 wird mir zu eng. Geh hin zum Butt, er soll uns ein Schloß bauen."
„Ach, Frau", sagte der Mann, „der Butt hat uns erst die Hütte gegeben, ich mag nicht schon wieder hingehen, den Butt wird das ärgern." Aber schweren 45 Herzens ging er hin. Das Meer war ganz violett und grau und dunkelblau. Es war aber noch still. Und so rief der Fischer:

> Manntje, Manntje, Timpe Te
> Buttje, Buttje in der See! 50
> Meine Frau, die Ilsebill,
> Will nicht so, wie ich wohl will.

„Na, was will sie denn?" – „Sie will in einem steinernen Schloß wohnen." – „Geh nur hin, sie steht vor der Tür." 55
Als der Mann nach Hause kam, stand seine Frau vor einem großen Palast. Alle Wände waren tapeziert mit kostbaren Stoffen, goldene Stühle und Tische standen im Saal, und hinter dem Schloß erstreckten sich ein Park und ein Wald, darin gab es 60 Hirsche, Rehe und Hasen. „Ach", sagte der Mann, „nun wollen wir in diesem herrlichen Schloß bleiben und zufrieden sein." – „Das wollen wir überdenken."
Als sie am nächsten Morgen aufwachte, war es 65 schon Tag. Sie stieß ihren Mann mit dem Ellbogen in die Seite und sagte: „Mann, steh auf, wir müssen König werden über das ganze Land." – „Ach, Frau", sagte der Mann, „warum wollen wir König werden? Ich mag kein König sein." – „Dann will ich König 70 sein", sagte die Frau. Da ging der Mann hin und war ganz betrübt. Diesmal war das Meer ganz schwarzgrau, und es brodelte unter der Oberfläche. Der Fischer rief:

> Manntje, Manntje, Timpe Te 75
> Buttje, Buttje in der See!
> Meine Frau, die Ilsebill,
> Will nicht so, wie ich wohl will.

„Na, was will sie denn?" – „Sie will König werden."
80 – „Geh nur hin, sie ist es schon."
Vor dem Palast standen viele Soldaten, man hörte
Pauken und Trompeten, und seine Frau saß auf einem Thron aus Gold und Diamanten und hatte
eine goldene Krone auf dem Kopf. Als der Mann sie
85 eine Weile angesehen hatte, sagte er: „Ach, Frau,
wie schön das ist, daß du König bist, nun wollen
wir uns auch nichts mehr wünschen." – „Ich kann
es nicht mehr aushalten", sagte die Frau, „König bin
ich, nun muß ich auch Kaiser werden." – „Ach,
90 Frau", sagte der Mann, „Kaiser kann der Butt nicht
machen, ich mag ihm das nicht sagen."
„Ich bin König", sagte die Frau, „und du bist mein
Mann, willst du wohl gleich hingehen?"
Diesmal war das Meer ganz schwarz und dick, und
95 ein Wind strich darüberhin, daß die Oberfläche
sich kräuselte. Er rief:

> Manntje, Manntje, Timpe Te
> Buttje, Buttje in der See!
> Meine Frau, die Ilsebill,
100 Will nicht so, wie ich wohl will.

„Na, was will sie denn?" –„Sie will Kaiser werden."
– „Geh hin, sie ist es schon."
Und wirklich: Seine Frau saß auf einem hohen
Thron aus lauter Gold, und sie hatte eine große
105 Krone auf dem Kopf. „Ach", sagte der Mann und
schaute sie sich genau an. „Frau, wie schön das ist,
daß du Kaiser bist." – „Mann", sagte sie, „was stehst
du da? Ich bin nun Kaiser, nun will ich auch Papst
werden."
110 „Nein, Frau, Papst kann der Butt nicht machen",
sagte der Mann, „das nimmt kein gutes Ende." –
„Mann, red keinen Blödsinn, kann er Kaiser machen, kann er auch Papst machen. Geh sofort hin."
Da machte sich der Mann auf den Weg, und zitterte
115 und bebte. Das Meer kochte, die Schiffe tanzten
und hüpften auf den Wellen. Da blieb er erschrocken stehen und schrie:

> Manntje, Manntje, Timpe Te
> Buttje, Buttje in der See!
120 Meine Frau, die Ilsebill,
> Will nicht so, wie ich wohl will.

„Na, was will sie denn?" – „Sie will Papst werden."
– „Geh hin, sie ist es schon."
Diesmal saß sie auf einem noch viel höheren
Thron und hatte drei große Kronen auf, und sie war 12
umringt von ihrem geistlichen Staat. „Ach, Frau",
sagte der Mann, „wie schön das ist, daß du Papst
bist." – „Mann", sagte sie, „solange ich Sonne und
Mond sehe und die nicht aufgehen lassen kann,
kann ich es nicht aushalten. Ich will werden wie 13
der liebe Gott!"
„Ach, Frau", sagte der Mann und fiel vor ihr auf die
Knie, „das kann der Butt nicht. Kaiser und Papst
kann er machen, aber das kann er nicht."
Da trat sie ihn mit dem Fuß und sagte: „Ich halte 13
das nicht länger aus. Willst du wohl hingehen?"
Draußen tobte der Sturm, daß die Häuser und
Bäume umstürzten.
Der Himmel war pechschwarz, und es donnerte
und blitzte. Auf dem Meer türmten sich Wellen so 14
hoch wie Berge. Der Mann schrie:

> Manntje, Manntje, Timpe Te
> Buttje, Buttje in der See!
> Meine Frau, die Ilsebill,
> Will nicht so, wie ich wohl will. 14

„Na, was will sie denn?" – „Ach", sagte er, „sie will
werden wie der liebe Gott." – „Geh nur hin, sie sitzt
schon wieder im Pißpott."
Dort sitzen sie noch bis auf den heutigen Tag.

VOLKSMÄRCHEN AUS POMMERN*

---

* Nach der Volksüberlieferung („wie es die Kinderfrauen wohl
erzählen") im pommerschen Dialekt niedergeschrieben von
dem Maler Philipp Otto Runge, der den Text dann den Brüdern
Grimm für ihre Märchensammlung überließ. Ins Hochdeutsche
übertragen und vorsichtig gekürzt von Diethelm Kaminski

Textarbeit

Das Märchen ist aus sich immer wiederholenden und nur jeweils variierten B a u e l e m e n t e n aufgebaut. Markieren Sie e i n e solche Einheit im Text. Das folgende Schema verdeutlicht den Aufbau des Märchens aus solchen Bauelementen. Übertragen Sie die entsprechenden Textteile in das Schema:

Die Frau wünscht sich etwas
Der Mann wendet etwas dagegen ein
Die Frau befiehlt dem Mann, zum Butt zu gehen
Beschreibung der veränderten Natur
Der Fischer trägt dem Butt den Wunsch der Frau vor

Der Butt erfüllt den Wunsch
Beschreibung des Geschenks
Reaktion von Mann und Frau auf das Geschenk

Unterhaltung

1. Immer wieder hören und lesen wir, daß Wissenschaft und Technik das Gleichgewicht in der Natur stören. Nennen Sie solche Störungen, und überlegen Sie, wo die möglichen Ursachen zu suchen sind.

Störung	Ursache
häufigere Erdbeben	unterirdische Atombombenversuche
Waldsterben	„saurer" Regen durch schädliche Abgase der Industrie und der Autos
Ausbreitung der Wüsten	
Zunahme der Krebserkrankungen	

Setzen Sie die Liste fort!

2. Auch im Märchen begleiten Störungen in der Natur die sich steigernden Wünsche der Frau.
   a. Suchen Sie diese Naturbeschreibungen aus dem Text heraus, und lesen Sie sie vor.
   b. Nach welchem Prinzip sind sie angelegt?
   c. Welche Funktion sollen die Naturbeschreibungen in dem Märchen haben?
3. Nach dem gleichen Prinzip sind der Fischer und seine Frau im Verlaufe des Märchens gestaltet.
   a. Charakterisieren Sie eine der beiden Personen.
   b. Zeigen Sie an Textbeispielen die Veränderungen, die mit dem Mann bzw. der Frau vorgehen.
   c. Beschreiben Sie das erzählerische Prinzip, nach dem die Personen dargestellt werden.
4. Gestalten Sie die Unterhaltungen zwischen dem Fischer und seiner Frau mündlich zu kleinen Streitgesprächen. Er warnt und hat Angst. Sie droht und gibt keine Ruhe.

Text

Es hatte nämlich jene alte Frau, die auf einer kleinen Insel namens Oehe zwischen der langgestreckten Insel Hiddensee und der großen Insel Rügen wohnte, doch bei günstigem Wind zur
5 Hauptinsel gerudert kam, um an Markttagen in Schaprode ihren Schafskäse zu verkaufen, dem Maler Philipp Otto Runge zweierlei Wahrheit in sein Sudelbuch gesprochen. Die eine machte die zänkische Frau Ilsebill glaubwürdig: wie sie mehr,
10 immer mehr haben will, König Kaiser Papst sein möchte, schließlich jedoch, weil sie vom alles vermögenden Butt wünscht, wie Gott zu sein – „Ik will warden as de lewe gott . . ." – wieder in ihre strohgedeckte Hütte, „Pißpott" genannt, versetzt wird; die
15 andere von dem alten Weib dem Maler Runge diktierte Wahrheit zeigte eine bescheidene Ilsebill und den Fischer maßlos in seinen Wünschen: im Krieg unbesiegbar will er sein. Brücken über den breitesten Fluß, Häuser und Türme, die bis in die Wolken reichen, schnelle Wagen, weder von Ochs 20 noch Pferd gezogen, Schiffe, die unter Wasser schwimmen, will er bauen, begehen, bewohnen, ans Ziel fahren. Die Welt beherrschen will er, die Natur bezwingen und von der Erde weg sich über sie erheben. 25
„Nu will ik awerst ook fleigen könn . . ." hieß es im zweiten Märchen. Und wie zum Schluß der Mann, obgleich ihm seine Frau Ilsebill immer wieder Zufriedenheit anrät – „Nu will wy ook niks meer wünschen, sunners tofreden syn . . ." – hoch zu den 30 Sternen reisen möchte – „Ik will un will in himmel fleigen . . ." – fällt all die Pracht, Türme, Brücken und Flugapparate in sich zusammen, brechen die Deiche, folgt Dürre, verwüsten Sandstürme, speien die Berge Feuer, schüttelt die alte Erde, indem sie 35 bebt, des Mannes Herrschaft ab, worauf mit großer Kälte die neue, alles bedeckende Eiszeit kommt.
„Door sitten se noch unners Is bet up hüüt un düs-

sen dag," endete das Märchen vom Butt, der dem
40 mehr, immer mehr wollenden Mann jeden
Wunsch erfüllte, nur den allerletzten nicht, bis
hinter die Sterne in den Himmel zu fliegen.
Als der Maler Runge die alte Frau fragte, welches
Märchen von beiden denn richtig sei, sagte sie:
45 „Dat een un dat anner tosamen."

GÜNTER GRASS (1977)

Aus dem Roman *Der Butt.* Darmstadt: Luchterhand 1977.
S. 442 f.

Übertragung plattdeutscher Sätze

Ich will werden wie der liebe Gott
Nun will ich aber auch fliegen können . . .
Nun wollen wir uns nichts mehr wünschen, sondern zufrieden
sein.
Ich will und will in den Himmel fliegen
Dort sitzen sie noch unterm Eis bis auf den heutigen Tag.
Das eine und das andere zusammen.

Gedankenspiele

1 Grass erzählt nicht das ganze Märchen. Denken Sie
sich weitere Wünsche und entsprechend weitere
Bereiche aus, die dem Menschen Macht über die
Natur und über andere Menschen geben.

2 Wo sehen Sie den größten Unterschied zwischen
beiden Versionen des Märchens?

3 Welche Absicht steckt Ihrer Ansicht nach dahinter,
daß Grass die Rollen von Mann und Frau ver-
tauscht?

4 Grass will in seinem Märchen die Entwicklung der
Menschheit skizzieren. Das Ende der Entwicklung
steht noch aus, während es im Märchen schon enthalten ist. Es ist eine Warnung oder Prophezeiung.
Wie lautet sie?

5 Erzählen Sie das Märchen von Grass möglichst ausführlich mit viel wörtlicher Rede analog zu dem
Volksmärchen.

Textarbeit

Tragen Sie auf die Stufen (Volksmärchen) und unter die Stufen (Grass) die Wünsche der Frau und des Fischers
ein. Verteilen Sie die bei Grass genannten Wünsche auf die im Schema gegebenen Stufen.

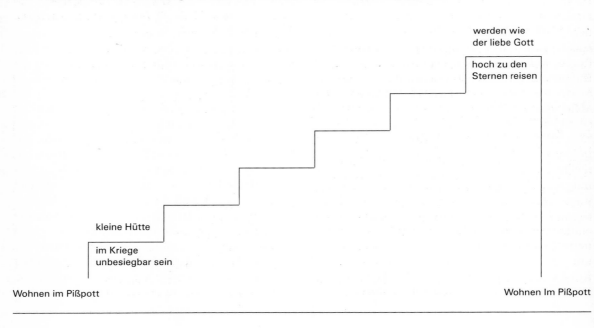

werden wie
der liebe Gott

hoch zu den
Sternen reisen

kleine Hütte

im Kriege
unbesiegbar sein

Wohnen im Pißpott

Wohnen Im Pißpott

12. Kurs: „Politische Alphabetisierung Deutschlands"

Enzensberger

Hacks

Biermann

Hans Magnus Enzensberger, geb. 1929, arbeitete als Redakteur, Dozent und Verlagslektor und lebt als freier Schriftsteller in der Bundesrepublik; längere Aufenthalte in den USA, in Norwegen, Rom, Kuba. Berühmt wurde seine Bemerkung, seine Gedichte seien „keine reinen Produkte. Sie zeigen die Spuren ihrer Herstellung und Spuren ihrer einstigen, gegenwärtigen oder zukünftigen Benutzung . . . Wenn sie veraltet oder verschlissen sind, kann man sie wegwerfen oder durch neue ersetzen, wie Kleidungsstücke". Die Sammlungen *Verteidigung der Wölfe* (1957), *Landessprache* (1962), *Blindenschrift* (1964) und *Die Furie des Verschwindens* (1980) enthalten jedoch Gedichte von zeitlos beunruhigender Schärfe.

Peter Hacks, geb. 1929, seit 1955 in Ostberlin. Die Übersetzung und tiefgreifende Überarbeitung antiker Stoffe ist ein wichtiger Teil seines Werks: 1962 *Der Frieden* (nach Aristophanes), 1968 *Amphitryon*, 1970 *Omphale*. Eigenständige Arbeiten: 1956 *Die Schlacht bei Lobositz*, 1965 *Moritz Tassow*, 1972 *Adam und Eva*. Seine Theorie vom Fortschritt in der sozialistischen Kunst (auf die revolutionäre Anfangsphase folgt eine sozialistische „Klassik") wirft ein Licht auf Standort und Stil seines Schaffens; seine stark artifizielle Sprache hängt aber eher mit der erstaunlichen intellektuellen Phantasie und Beweglichkeit des Autors zusammen. Sie zeigt sich außer in den Stücken auch in den Kinderbüchern, das bekannteste: *Der Schuhu und die fliegende Prinzessin*.

Die Kapitelüberschrift ist ein Zitat aus einer Stellungnahme von Hans Magnus Enzensberger zur Rolle des Schriftstellers 1968

Wolf Biermann. Das revolutionäre Lied und seine Sänger, ihrer Natur nach Rebellen, fanden auch im sozialistischen Staat genug Stoff zum Rebellieren. Der Kampf gegen den Bürokratismus des Systems, gegen Kader-Mechanismen, gegen den Konformismus der Menge, das Werben um Gedanken- und Redefreiheit, um persönliches Rückgrad und Courage füllt witzigtraurig Biermanns Lieder. Er wurde 1936 in Hamburg geboren, ging 1953 in die DDR, wurde nach 1965 dort verboten und durfte 1976 nach einer Westreise nicht mehr in die DDR zurück. Er lebt heute in Rom und Hamburg. 1956 *Die Drahtharfe*. 1965 *Deutschland – ein Wintermärchen*. 1968 *Mit Marx- und Engelszungen*. 1978 *Preußischer Ikarus*.

> Ach Freund, geht es nicht auch dir so?
> ich kann nur lieben
> was ich die Freiheit habe
> auch zu verlassen:
>
> dieses Land
> diese Stadt
> diese Frau
> dieses Leben
>
> Eben darum lieben ja
> wenige ein Land
> manche eine Stadt
> viele eine Frau
> aber alle das Leben.
>
> Wolf Biermann

12

Lies die Fahrpläne

Schwierigkeitsgrad B

Text

	Forderungen

lies keine oden, mein sohn, lies die fahrpläne:

sie sind genauer, roll die seekarten auf,

eh es zu spät ist, sei wachsam, sing nicht.

der tag kommt, wo sie wieder listen ans tor

5   schlagen und malen den neinsagern auf die brust

zinken. lern unerkannt gehn, lern mehr als ich:

das viertel wechseln, den paß, das gesicht.

versteh dich auf den kleinen verrat,

die tägliche schmutzige rettung. nützlich

10 sind die enzykliken zum feueranzünden,

die manifeste: butter einzuwickeln und salz

für die wehrlosen. wut und geduld sind nötig,

in die lungen der macht zu blasen

den feinen tödlichen staub, gemahlen

15 von denen, die viel gelernt haben,

die genau sind, von dir.

Hans Magnus Enzensberger (1957)

Listen ans Tor schlagen, hier: Listen von denen, die verfolgt werden müssen, veröffentlichen
Zinken, hier: Kennzeichnung der von der Gesellschaft Ausgestoßenen
Viertel = Stadtteil

Warum?

Vorbereitung

In diesem Gedicht wird aufgerufen zum Widerstand gegen die Macht, zum Lernen und Einüben politischer Aktion vom Untergrund aus, zur konkreten Kleinarbeit im Alltäglichen. Da sich das Gedicht in erster Linie an Intellektuelle wendet, warnt es vor „Oden'', „Enzykliken'' und „Manifesten''; bitte drücken Sie das anders, allgemeiner aus: Das Gedicht warnt die Gebildeten vor

Schreiben Sie nun neben das Gedicht die Forderungen, die es erhebt, und versuchen Sie diese Forderungen zu begründen.

Gespräch

Das Gedicht provoziert; formulieren Sie Einwände dagegen und ein Plädoyer für das Gedicht.

c o n t r a	p r o
● „Verrat''	● „sing nicht''
● „Wut''	● „unerkannt gehn''
● Warnung vor Manifesten	● „Verrat''
● Warnung vor Oden	● „Feueranzünden''
● „tödlicher Staub''	● „Salz''

Textarbeit

a Zwei Wörter kommen je zweimal in dem Gedicht vor, ein Wort kommt dreimal vor. Warum?

b Der Text ist für Intellektuelle geschrieben. Denn

c Der Text ist in die Zukunft gesprochen. Denn

Text

Das folgende Interview mit Günter Grass erschien zuerst in *Text + Kritik*, Heft 1/1a. Es wurde geführt von Heinz Ludwig Arnold. Unser Text bietet einen Ausschnitt aus dem Interview.

1977

Was hat Ihr ganz konkretes politisches Engagement ausgelöst?

Als ich 1960 aus Paris nach Berlin zurückkam, war ich 33 Jahre alt und kam in eine Zeit hinein, in der
5 zum ersten Mal Willy Brandt als Kanzlerkandidat für die Bundestagswahlen kandidierte und 1961 die pauschale Diffamierung Brandts und der Emigration begann – Dinge, die mich unmittelbar betroffen haben, weil ich wußte, was die emigrierte
10 Literatur für mich bedeutet hatte.
Und da sah ich, wie die Öffentlichkeit gegenüber dieser Diffamierung versagte. Das war für mich ein erster Anlaß, hier von Berlin her – da lernte ich Brandt auch kennen – direkt zu helfen; das war
15 handfeste Hilfe: Anreden, Arbeiten redigieren, Texte erfinden in der Wahlkampfzeit, d. h. in einer Zeit, da Brandt hier in Berlin alle Hände voll zu tun hatte, um mit dem Bau der Berliner Mauer fertig zu werden, und gleichzeitig den Wahlkampf in West-
20 deutschland führen mußte.
Ab 1961 geht das kontinuierlich zunehmend weiter. Erst war es das persönliche Verhältnis zu Brandt, zu dem diffamierten Brandt, und dann mehr und mehr involviert mit den politischen Al-
25 ternativfragen bis in die Zeit der Studentenproteste hinein. Das hat mich, wenn man rechnen, wenn man bilanzieren will, viel Zeit gekostet, hat mir aber auch viel neue Erfahrung gebracht und mich in Frage gestellt und mich in Risiken gestürzt; viel-
30 leicht sogar in Risiken, die auf Kosten eines unmittelbaren Stils, eines urbanen Erzählvermögens gehen; aber das nehme ich in Kauf, das gehört dazu. Ich halte nicht viel von Schriftstellern, die mit ihren Talenten umgehen wie mit Zimmerlinden, die
35 man hegen und pflegen muß, damit bloß nicht der ursprüngliche Erzählstil verlorengeht. Wenn dieses unmittelbare Erzählvermögen darunter leiden sollte, daß ich vielleicht dazu habe beitragen kön-

nen, daß wir hier einen Regierungswechsel hatten
40 und daß sich endlich einmal verspätet Aufklärung auch hier in Deutschland auswirken kann, dann nehme ich das gerne in Kauf.
*Der Grass'sche Moralismus, wo hat er seine Grundlagen? Hat er philosophische, religiöse Grundlagen, die
45 von Ihnen reflektiert worden sind?*
Ich will das nicht Moralismus nennen: eher ein moralisches Verhalten, das ich nicht isoliert begreifen will.
Ich will nicht akzeptieren, daß Kunst und Moral
50 oder Politik und Moral Gegensätze sind . . .
Nein, das wurde auch nicht unterstellt . . .
. . . aber das wird ja häufig praktiziert; auch von Politikern, die gern auf den politischen Standpunkt hinweisen und dann meinen: moralisch gesehen
55 sähe das dann so und so aus.
Nein, ich meine die Identität Ihres Moralismus.
Ja. Da sind wir nun ja konfrontiert mit einigen europäischen Traditionen, mit großartigen ethischen Entwürfen, sei es nun vom Christentum her mit
60 den utopischen Zielvorstellungen der Nächstenliebe und den sozialen Vorstellungen der Bergpredigt; das gleiche gilt vom Kommunistischen Manifest und von den hohen Zielen europäischer Aufklärung. Und daran messen wir Realität, ge-
65 schichtliche, soziale Wirklichkeit, auch kirchliche Wirklichkeit, sehen das Scheitern, sehen die abstrakten Zahlen, die Verlustzahlen – und das nun in Deutschland ganz besonders stark –; und diese Diskrepanz ist natürlich für viele meiner Genera-
70 tion Motor für das Schreiben, für das Gestalten, ja für das Existieren geworden.

Gespräch

1. Sollen sich Schriftsteller überhaupt politisch engagieren? Suchen Sie die Beispiele für politisch-literarisches Engagement, die schon in diesem Buch vorkamen.
2. Was für eine Rolle hat die Literatur? Soll sie zu politischen, sozialen, gesellschaftlichen Zeitfragen Stellung nehmen? Sammeln Sie Argumente dafür und dagegen.

Textarbeit

Versuchen Sie das Interview ohne Wörterbuch zu verstehen und beantworten Sie möglichst ohne viel Detailarbeit folgende Fragen:

a Über welche Themen äußert sich Grass?

b Warum half Grass der SPD? Es gibt mehrere Gründe. *1, Anlaß ?*

c Wie wirkte sich der politische Einsatz auf die künstlerische Arbeit des Autors aus?

d Wie denkt Grass über die Rolle der Kunst in der Gesellschaft?

e Worin sieht Grass einen „Motor'' für das Schreiben? Wie könnte dann das Ziel lauten?

f Was halten Sie davon, wenn Grass die Bibel und Marx in einem Atemzug nennt?

Die Erben

Schwierigkeitsgrad B

Text 👓

„Das Grundstück, das Kurt in die Wiege gelegt worden war" – hier horchte der Verf. auf –, „hat nun einmal, als Frau Gruytens Großvater es 1870 von einem auswandernden Landwirt erwarb, pro Qua-
5 dratmeter einen Groschen gekostet, und das war noch ein karitativer Preis, er hätte es auch für vier Pfennige bekommen können, aber die mußten ja immer die Großzügigen spielen, und weil er ein Verrückter war, hat er auch noch den Preis aufge-
10 rundet und anstatt fünftausend Mark zweitausend Taler hingelegt, so daß er auf zwölf Pfennige pro Quadratmeter kam. Ist es unsere Schuld, daß heute jeder Quadratmeter dreihundertfünfzig wert ist; nähme man gewisse, wie ich glaube, vorüberge-
15 hende inflationäre Tendenzen wahr – käme man sogar auf fünfhundert, ohne den Gebäudewert, den Sie getrost mit dem Grundstückswert gleichsetzen können. Und ich sage Ihnen, selbst wenn Sie morgen einen Käufer bringen, der mir fünf Millionen

auf den Tisch legt, ich – wir geben es nicht ab, und 20
nun kommen Sie einmal her und schauen Sie zum Fenster raus." Hier benutzte er seinen Krückstock ungeniert als Enterhaken, griff damit in die nur lose zugeknöpfte Jacke des Verf., der ohnehin ständig um seine lose sitzenden Knöpfe bangt, und zog ihn 25
nicht ohne Brutalität und – wie gerechterweise gesagt werden muß – nicht ohne daß seine Enkel den Kopf geschüttelt hätten, kurzerhand zu sich herüber, so daß der Verf. auch die umliegenden Gebäude, die acht-, sieben-, sechsstöckig um das 30
zwölfstöckige herum gestaffelt waren, betrachten mußte. „Wissen Sie", dies mit gefährlich leiser Stimme, „wissen Sie, wie dieser Stadtteil heißt?" Kopfschütteln des Verf., der die topographischen Veränderungen nicht alle so genau wahrnimmt. „Dieser 35
Stadtteil heißt Hoyseringen – und er steht auf dem Grundstück, das man siebzig Jahre lang einfach hat brachliegen lassen, bevor mans gnädig diesem jungen Herrn dort" (Krückstock auf Kurt geschwenkt, Stimme jetzt höhnisch) „in die Wiege legte, ich, 40
ich, ich habe dafür gesorgt, daß es nicht in seiner Wiege liegen blieb, gemäß dem Spruch, der schon unseren Vätern verkündet worden ist: ‚Macht euch die Erde untertan."

HEINRICH BÖLL

Aus dem Roman *Gruppenbild mit Dame* (1971)
Cassette von Heinrich Böll gesprochen. Unser Text folgt dem
Vortrag des Autors, nicht der gedruckten Version.

Verf.	= Verfasser
in die Wiege gelegt	= vererbt
ein karitativer Preis, hier	= der Käufer bezahlte mehr als der Verkäufer verlangte
ein Taler, damals	= drei Mark
Krückstock	= Stock für einen Gehbehinderten
entern (im Seekrieg)	= ein Schiff mit Gewalt ersteigen, erobern
Enterhaken	= Haken zum Entern
Brachland	= unbenutzter Grund

Textarbeit

1 Wer sind die bei diesem Gespräch anwesenden Personen?

2 Wie heißt vermutlich der alte Herr, der am Anfang des Textes spricht?

3 Finden Sie selbst die Bedeutung von:
„den Großzügigen spielen''
„aufrunden''
„kurzerhand''

4 Was will der Herr ausdrücken mit der Wendung „Ist es unsere Schuld''? Warum sagt er das?

5 Was soll das Kopfschütteln der Enkel bedeuten?

6 Welche Stimmung drückt der Ausdruck „gefährlich leise'' aus?

7 Wer ist (in Zeile 37) „man''?

8 Der Satz „Macht euch die Erde untertan'' ist ein Zitat aus dem Alten Testament (Gen. 1,28). Der alte Herr setzt ihn ans Ende seiner Rede. Er will damit bekräftigen . . .

Text

Im Jahr 1855 legte die USA-Regierung dem Indianerstamm der Duwamish (im Nordwesten der USA) einen Kaufvertrag zur Unterzeichnung vor. Sie sollten ihr Land den Weißen verkaufen, sie sollten dafür ein Reservat erhalten. Hier ein Ausschnitt aus der Antwortrede des Indianerhäuptlings Seattle (nach der Aufzeichnung von W. Arrowsmith).

Die Erde ist unsere Mutter. Was die Erde befällt, befällt auch die Söhne der Erde. Wenn Menschen auf die Erde spucken, bespeien sie sich selbst. Denn das wissen wir, die Erde gehört nicht den Men-
5 schen, der Mensch gehört zur Erde – das wissen wir. Alles ist miteinander verbunden, wie das Blut, das eine Familie vereint . . . Was will der weiße Mann? Wie kann man den Himmel oder die Wärme der Erde kaufen – oder die Schnelligkeit der
10 Antilope? Wie können wir Euch diese Dinge verkaufen – und wie könnt Ihr sie kaufen? Könnt Ihr denn mit der Erde tun, was Ihr wollt – nur weil der rote Mann ein Stück Papier unterzeichnet – und es dem weißen Manne gibt? Wenn wir nicht die Fri-
15 sche der Luft und das Glitzern des Wassers besitzen – wie könnt Ihr sie von uns kaufen?

CHIEF SEATTLE (1855)

Gespräch

Bilden Sie kleine Gruppen und versuchen Sie gemeinsam, die Mentalität des europäischen Grundbesitzers und die Mentalität des Indianers zu charakterisieren, wie sie in unseren beiden Texten zum Ausdruck kommt. Bedenken Sie die Auswirkungen der jeweiligen Mentalität auf

persönliche Moral
Gemeinschaftsleben
Rechtsauffassung
politisches Verhalten
Umgang mit der Natur
Erziehung

und auf andere Lebensbereiche. Machen Sie sich Notizen und diskutieren Sie Ihre Ergebnisse im Plenum.

Textarbeit

Wir kehren noch einmal zum Böll-Text zurück.

● Studieren Sie genau, wie Böll den Grundbesitzer zeichnet. Zunächst die äußeren Merkmale.

● Versuchen Sie nun die Logik des Grundbesitzers exakt zu beschreiben.

● Auch die mit wenigen Strichen gegebene Charakteristik des Verfassers ist sehr bedeutsam . . .

● Welche Rolle spielt der Verfasser?

Werkstatt

Entwerfen Sie nun – vor dem Hintergrund, den Sie erarbeitet haben – eine kurze zornige (oder ironische oder ruhig-überlegene) Ansprache des Verfassers an den Grundbesitzer und seine Enkel.

Frieden

Schwierigkeitsgrad B

Text 1

Doch Hoffnung rötet die Wangen,
Und vor der Türe des Hauses
Sitzt Mutter und Kind,
Und schauet den Frieden.

FRIEDRICH HÖLDERLIN (1802)

Text 2 ◉◉

Trygaios: Komm her, ich will dir ein besseres Lied
beibringen. Sing: der Krieg ist vorbei.
Knabe *weinend:* Der Krieg ist vorbei.
Trygaios: O du alberner Tropf, dabei flennt man
doch nicht. Das muß man lustig singen.
Bist du nicht lustig?
Knabe: Nein.
Trygaios: Wenn ich dir nachher eine Honignudel
gebe, willst du dann lustig sein?
Knabe: Ja.
Trygaios: Also sing: der Krieg ist vorbei.
Knabe: Der Krieg ist vorbei.
Trygaios: Gut. Und jetzt wir beide zusammen.
Die Oliven gedeihn.
Knabe: Der Krieg ist vorbei.
Trygaios: Es tönt die Schalmei,
Der Frieden zog ein.
Wir würzen den Wein
Mit Zimt und Salbei,
Trygaios und Knabe:
Die Oliven gedeihn,
Der Krieg ist vorbei.

PETER HACKS (1962)

Aus der Komödie *Der Frieden* (nach Aristophanes)
Cassette: Aufführung vom Ensemble des Deutschen Theaters
Berlin, ca. 1964. (Trygaios: Fred Düren)

Unterhaltung

Das Gedicht, aus dem Text 1 stammt, heißt „Friedensfeier''. Unser Text enthält drei Bilder:
Hoffnung rötet die Wangen
vor der Türe
Mutter und Kind.
Versuchen Sie diese drei Bilder mit dem Thema „Frieden'' in Verbindung zu bringen.
Welche anderen Bilder fallen Ihnen zum Thema „Frieden'' ein?

Textarbeit

(1) Sammeln Sie die Bilder und Dinge, die in Text 2 vorkommen. Sie stehen in Verbindung zum Thema „Frieden''. Bitte versuchen Sie das zu zeigen.

(2) Über die Nachricht, der Krieg sei vorbei, weint der Knabe zuerst. Warum wohl?

(3) Der alte Trygaios versucht dem Knaben, der nur den Krieg kennt, beizubringen, was Frieden ist. Denn Frieden muß gelernt werden, stimmt das? Falls Sie auch dieser Meinung sind: wie sieht dieses Lernen aus?

Text 3 ⊙⊙ Zwei Berge

Schwierigkeitsgrad B

Wie stellen wir uns den Frieden vor? 1946 in
Frankfurt am Main, als Gast bei ausgebombten
Deutschen, verstand ich unter Frieden ganz einfach: Keine Bomben mehr, keine Siege mehr . . .
5 Nach einem Besuch in Theresienstadt, wo ich noch
die Galgen sah und Tausende von Tüten voll
menschlicher Asche, schien die Antwort auch
einfach: Friede als Ende der Angst. . . In Warschau,
1948, hörte ich nach einem stundenlangen Gang
10 durch Trümmerstille plötzlich das Gedröhn von
Niethämmern an den ersten Pfeilern einer neuen
Brücke über die Weichsel: Der Friede.

MAX FRISCH (1976)

ausgebombt (Partizip)	=	ohne Wohnung (die Wohnung wur-de durch Bomben zerstört)
Theresienstadt	=	Konzentrationslager
das Gedröhn	=	lauter Lärm
der Niethammer	=	Maschine zum Zusammenbauen von Eisenträgern

Auf der Cassette hören Sie Max Frisch.

Textarbeit

(1) Beschreiben Sie die geographische und die politische Lage der drei Orte, die Frisch erwähnt.

(2) Welche Art von Krieg spielte sich in den drei Orten
ab?

(3) Frisch versucht den Frieden dreimal zu definieren.
Was ist in der ersten und in der zweiten Definition
verschieden?

(4) Was ist in der dritten Definition anders?

(5) Versuchen Sie eine eigene Definition von „Frieden'' zu finden:
  – in Begriffen
  – in einem Bild.

Text

„Dieser Berg", sagte der Kaiser, „hat mich gekränkt,
und ich werde ihn verurteilen, aber damit es in der
Ordnung hergeht, werde ich ihm vorher den Prozeß machen. Ich höre die Anklage und die Verteidigung". Er winkte dem Obersten Schneckenhirten, 5
der unter seinen Ratgebern der wichtigste war.
Der Oberste Schneckenhirt trat vor, deutete auf
den Berg und sprach:
„Der Angeklagte ist ein großer Frevler und Verbrecher. Denn als unser glorvolles mesopotamisches 10
Heer auf seinem Zug gegen die Soldaten des Groß-
herzogs, welche es unfehlbar besiegt und durch-
aus zum Tode gebracht hätte, an diese Stelle kam,
bewirkte der Angeklagte durch holperige, steile
und tückische Beschaffenheit, daß sich das Leib- 15
roß unserer erlauchten Majestät den Knöchel
brach".
Hier begann der ganze Hof ein Murren und rief:
„Abscheulich".
Der Oberste Schneckenhirt fuhr fort, wo er aufge- 20
hört hatte:
„Ich klage diesen Berg an der Beschädigung eines
Pferdes, des heimlichen Einverständnisses mit
dem Feind und der Kränkung der geheiligten kai-
serlichen Person". 25
„Recht treffend", sagte der Kaiser. „Was hat der An-
geklagte zu erwidern?"
Der Berg schwieg.
„Sprich, Berg", sagte der Kaiser.
Der Berg schwieg. 30
„Das ist ein deutlicher Beweis deiner Schuld", sagte
der Kaiser, „aber ich frage dich zum dritten Mal".
Und mit erhobener Stimme fragte er den Berg: „Be-
kennst du dich schuldig?"
Es gab ein kleines Echo, und der Berg erwiderte: 35
„Schuldig".

Blatt aus dem „Kartenspiel der Logik" von Thomas Murner (1507)

„Gut", sagte der Kaiser. „Du bist der erdenklichsten Greuel angeklagt, überführt und geständig. Du sollst ausgetilgt sein aus der Gegenwart und aller Zukunft".

Er hob den rechten Arm. Da kamen die Soldaten mit Schaufeln und Schubkarren und stürzten sich über den Berg; sie hackten, kratzten und gruben und trugen ihn ab, bis da, wo er gewesen, nicht mehr die kleinste Wölbung sich erhob. Die Erde, die sie fortnahmen, warfen sie auf einen Haufen, der allmählich zu der gleichen Größe heranwuchs, die der bestrafte Berg gehabt hatte; er behielt auch, weil die Leute in der Gegend zu faul oder zu unwissend waren, sich einen neuen Namen auszudenken, dessen Namen. Die ganz alten Landkarten zeigen aber den Berg an einer etwas anderen Stelle als die jüngeren, und nicht, weil sie sich irren.

> Der Kaiser richtet Groß und Klein.
> 55 Das muß so sein.

PETER HACKS

Aus dem Kinderbuch *Der Schuhu und die fliegende Prinzessin*

Zeile		
1	kränken	= schaden, beleidigen
7	„Oberster Schneckenhirt", nur in diesem Märchen: Titel für den Kanzler des Königs	
9	freveln	= einen Gott beleidigen (Blasphemie)
10	glorvoll	= glorreich = ruhmreich, reich an Triumphen
14	holperig	= (ein Weg) mit vielen Löchern
15	tückisch	= bösartig, teuflisch
15	das Roß	= das Pferd
18	abscheulich	= scheußlich, schrecklich
25	treffend	= richtig
37	das Greuel	= das Verbrechen
37	er ist überführt	= es ist bewiesen
37	er ist geständig	= er hat es selbst gesagt
38	austilgen	= vernichten
43	abtragen	= forttragen, wegnehmen

Textarbeit

1 Zählen Sie die Prozeßpartner auf und definieren Sie die Rollen, die sie in dem Prozeß spielen.
2 Und der Hof? Was ist seine Aufgabe?
3 Der Kaiser macht einen formellen Prozeß, weil
4 Der Berg wird bestraft, und zwar vernichtet (ausgetilgt), weil
5 Und die Folge der Vernichtung?
6 Wer ist wirklich schuld? Versuchen Sie diese Frage sorgfältig zu klären.
7 Warum macht der Kaiser einen formellen Prozeß? Sie können auf diese Frage nun vielleicht noch weitere Antworten finden.
8 Formulieren Sie die „Lehre" der Geschichte. Oder vielleicht sind es mehrere „Lehren"? (Schreiben Sie den Satz, den Sie in Ihrer Gruppe finden, in schöner Schrift auf und bauen Sie mit den Sätzen eine Collage oder ein Plakat.)

Redeübung

Erfinden Sie eine Variation der Geschichte:
A Der Berg ist ein Vulkan. Er rächt sich.
B Der Angeklagte ist kein Berg, sondern ein Fluß.
Machen Sie sich Stichworte und erzählen Sie Ihre Geschichte dann frei.

Ermutigung

Schwierigkeitsgrad A

Unterhaltung

Wählen Sie eine der folgenden Thesen und schreiben Sie sie – mit Begründung und eventuell in abgewandelter Form – auf einen Zettel. Versuchen Sie dann in Ihrer Klasse möglichst viele Partner zu finden, die Ihrer These zustimmen. Berichten Sie dann über das Ergebnis Ihrer „Aktion" im Plenum.

I Die Zeit der Märtyrer ist vorbei.
II Die größte Sünde ist: untertauchen (vor der Verantwortung in die Anonymität fliehen).
III Von Utopien zu reden ist gefährlich.
IV Von Utopien sollte man unbedingt reden, auch wenn es Utopien sind.
V Man muß bereit sein, für die Wahrheit Leben, Gesundheit und Familie zu opfern.

Vorbereitung

(1)   laß dich nicht verhärten
In dieser harten Zeit
    laß dich nicht verbittern
In dieser bittren Zeit
    laß dich nicht erschrecken
In dieser Schreckenszeit

Du, laß dich nicht verhärten
In dieser harten Zeit
Du, laß dich nicht verbittern
In dieser bittren Zeit
Du, laß dich nicht erschrecken
In dieser Schreckenszeit

(2) Die Herrschenden erzittern
   – sitzt du erst hinter Gittern –
  Doch nicht vor deinem Leid

  Der Text ist an Menschen gerichtet, die revolutionär denken und handeln. Versuchen Sie zu klären, was die Worte bedeuten.

– Sprechen Sie die Version links und die Version rechts drei- oder viermal laut. Analysieren Sie den Unterschied.

Text

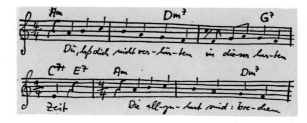

Du, laß dich nicht verhärten
In dieser harten Zeit
Die all zu hart sind, brechen
Die all zu spitz sind, stechen
5   und brechen ab sogleich

Du, laß dich nicht verbittern
In dieser bittren Zeit
Die Herrschenden erzittern
– sitzt du erst hinter Gittern –
10 Doch nicht vor deinem Leid

Du, laß dich nicht erschrecken
In dieser Schreckenszeit
Das wolln sie doch bezwecken
Daß wir die Waffen strecken
15 Schon vor dem großen Streit

Du, laß dich nicht verbrauchen
Gebrauche deine Zeit
Du kannst nicht untertauchen
Du brauchst uns, und wir brauchen
20 Grad deine Heiterkeit

Wir wolln es nicht verschweigen
In dieser Schweigezeit
Das Grün bricht aus den Zweigen
Wir wolln das allen zeigen
25 Dann wissen sie Bescheid

WOLF BIERMANN (1967)
Auf der Cassette singt Biermann (1968)

Unterhaltung

a Das Lied heißt „Ermutigung". Welche Tonart wählt Biermann hier, um die Menschen, die er anspricht, zu ermutigen? Versuchen Sie die Tonlage, die spezielle Nuance des Liedes zu kennzeichnen.

b Wenn das Lied „Ermutigung" heißt, dann bekämpft es eine Gegenkraft im Menschen. Welche? Oder gibt es mehrere Gegenkräfte?

c Aus dieser Gegenkraft kommen alle Impulse, gegen die Biermann arbeitet: verhärten, verbittern usw. Biermann sagt „laß dich nicht . . ." Versuchen Sie vorsichtig, dies positiv zu sagen, ohne „nicht".

d Hören Sie das Lied noch einmal. Einen Satz singt Biermann ganz nah, fast ins Ohr geflüstert, welchen? Versuchen Sie den Rat, den dieser Satz enthält, ausführlich zu begründen und suchen Sie zur Begründung vor allem Argumente aus dem Lied.

e Können Sie etwas sagen zu dem Tempo und der Melodie des Liedes?

13. Kurs: Grenzgänge

Max Frisch (geb. 1911 in Zürich) studierte Germanistik und Architektur, lebt seit 1955 als freier Schriftsteller in der Schweiz und in den USA. „Ein Schriftsteller, der es sich so schwer macht mit der Welt, seinem Vaterland, der moralischen Situation unserer Nachkriegszeit, den Frauen und den Freunden – ein solcher Schriftsteller gleicht einem empfindlichen optischen Gerät." (Joachim Kaiser). Romane: 1954 *Stiller*, 1957 *Homo faber*, 1964 *Mein Name sei Gantenbein*, Stücke: 1950 *Graf Öderland*, 1952 *Don Juan oder die Liebe zur Geometrie*, 1960 *Andorra*, 1967 *Biografie. Ein Spiel*. Schon in seinem ersten *Tagebuch* (1945–48) erzählt Frisch die Geschichte eines Mannes, der die Gewohnheit des Alltäglichen nicht mehr aushält und eines Tags spurlos verschwindet, seine Frau und Kinder zurücklassend. Nach Jahren ist er wieder da, und zwar als ein anderer, mit anderem Namen, anderer Identität. Dies ist die Grundidee für den Roman *Stiller*.
Unser Bild: Frisch im Gespräch mit Ernst Bloch (ganz links) 1975.

Peter Handke, 1942 in Griffen (Kärnten) geboren, lebt nach Aufenthalten in Berlin und Paris heute wieder in Österreich. 1967 *Kaspar* (Sprechstück). 1965–68 *Die Innenwelt der Außenwelt der Innenwelt* (Gedichte). Erzählende Prosa: 1972 *Wunschloses Unglück*. 1974 *Die Stunde der wahren Empfindung*. 1978–79 *Langsame Heimkehr*. 1980 *Die Lehre der Sainte-Victoire*. 1981 *Kindergeschichte*. 1983 *Der Chinese des Schmerzes*. „Ein engagierter Autor kann ich nicht sein, weil ich keine politische Alternative weiß zu dem, was ist, hier und woanders, (höchstens eine anarchistische) . . . Ich habe keine Themen, über die ich schreiben möchte, ich habe nur ein Thema: über mich selbst klar, klarer zu werden . . . aufmerksam zu werden und aufmerksam zu machen: sensibler, empfindlicher, genauer zu machen und zu werden, damit ich und andere auch genauer und sensibler existieren können, damit ich mich mit anderen besser verständigen und mit ihnen besser umgehen kann" (Handke in: *Ich bin ein Bewohner des Elfenbeinturms*. 1972).

Das Ringelspiel

Schwierigkeitsgrad A

Vorbereitung

1 Beschreiben Sie möglichst genau, wie ein Karussell (älteres deutsches Wort: Ringelspiel) funktioniert.

2 Können Sie sich an eine Karussellfahrt in Ihrer Kindheit erinnern? Erzählen Sie.

3 Wenn ein Kind Karussell fährt und ein Elternteil (Vater oder Mutter) am Rand stehen bleibt, ereignet sich das, was unser Text beschreibt.

Unterhaltung

1 Hier sind zwei Geschichten miteinander verbunden, und zwar

2 Was verbindet die beiden Geschichten?

3 Was unterscheidet die beiden Geschichten?

4 In dem Vater, der heute am Karussellrand steht, steigen wahrscheinlich mehrere Fragen auf, Fragen an sich selbst, Fragen an die Zukunft, vielleicht auch Fragen an das Kind. Bitte versuchen Sie, einige dieser Fragen zu formulieren.

5 Der kleine Text ist mit wenigen Strichen und Tönen wie ein Pastellbild skizziert. Trotzdem enthält er ein Thema, das in unserem ganzen Leben immer wiederkehrt, nämlich das Thema

Text 👓

Später im Frühling saß das Kind da allein auf einem Karussellpferd. Der Platz wirkt an seinen Rändern schaumweiß wie ein Klippe; es hat gerade erst zu regnen aufgehört. Ein erster Ruck geht durch das anfahrende Ringelspiel, und das Kind, in einer ⁵ neuartigen Entferntheit von dem Erwachsenen, schaut kurz auf, vergißt sich aber sofort in der Kreisfahrt und hat dann keine Augen für etwas anderes mehr. Der Mann erinnerte sich dazu später an einen Moment aus seiner eigenen Kindheit, als er ¹⁰ einmal seine Mutter, obwohl mit ihr doch im selben kleinen Zimmer, in einem herzzerreißenden, wie zum Himmel schreienden Abstand von sich empfand: Wie kann diese Frau dort jemand anderer sein als Ich hier? Der Blick auf das Karussell mit ¹⁵ der versunken kreisenden Gestalt ist jetzt der zugehörige Gegensatz: Dem Erwachsenen zeigt sich sein Angehöriger erstmals als jemand Selbständiger, unabhängig von dem da stehenden Elternteil – und soll in solcher Freiheit auch bestärkt werden! ²⁰ Der trennende Raum zwischen den beiden strahlt sogar als etwas Triumphales, und der Mann sieht sich und die kleine Reiterfigur dort als eine Beispielgruppe, hinter der jetzt mit Macht die künstliche Kaskade des Square aufrauscht. Das Wün- ²⁵ schen wird möglich; zugleich damit ein Bewußtsein der Befristung, das aber anders schmerzlich ist als einst das Nichtdenkenkönnen der Verschiedenheit.

PETER HANDKE (1981)

Aus dem Buch *Kindergeschichte*. Frankfurt: Suhrkamp S. 25

Zeile
3	die Klippe	= ein Fels im Meer
16	versunken, hier:	geistig auf eine Sache konzentriert und von allem anderen abgewendet
27	die Befristung	= die zeitliche Begrenzung (hier: Begrenzung eines Lebensabschnitts)

13

Meine Lage wird unhaltbar

Schwierigkeitsgrad C

Ich bin nicht Stiller! – Tag für Tag, seit meiner Einlieferung in dieses
Gefängnis, das noch zu beschreiben sein wird, sage ich es, schwöre
ich es und fordere Whisky, ansonst ich jede weitere Aussage verwei-
gere. Denn ohne Whisky, ich hab's ja erfahren, bin ich nicht ich selbst,
5 sondern neige dazu, allen möglichen guten Einflüssen zu erliegen
und eine Rolle zu spielen, die ihnen so passen möchte, aber nichts
mit mir zu tun hat, und da es jetzt in meiner unsinnigen Lage (sie halten mich für einen verschollenen Bürger ihres Städtchens!) einzig
und allein darum geht, mich nicht beschwatzen zu lassen und auf der
10 Hut zu sein gegenüber allen ihren freundlichen Versuchen, mich in
eine fremde Haut zu stecken . . .
Ich weiß, daß ich nicht der verschollene Stiller bin. Und ich bin es
auch nie gewesen. Ich schwöre es, auch wenn ich nicht weiß, wer ich
sonst bin. Vielleicht bin ich niemand. Und wenn sie es mir schwarz
15 auf weiß beweisen können, daß von allen Menschen, die als geboren
verbucht sind, zur Zeit nur ein einziger fehlt, nämlich Stiller, und daß
ich überhaupt nicht in dieser Welt bin, wenn ich mich weigere, Stiller
zu sein, so weigere ich mich doch. Warum lassen sie nicht ab! Mein
Verhalten ist lächerlich, ich weiß, meine Lage wird unhaltbar. Aber
20 ich bin nicht der Mann, den sie suchen, und diese Gewißheit, meine
einzige, lasse ich nicht los.

MAX FRISCH (1954)

Aus dem Roman *Stiller*. Taschenbuchausgabe Frankfurt: Fischer 1965. S. 9 und 252

Textarbeit

Stimmen diese Sätze zum Text?

ja	nein	unklar	
☒	☐	☐	Stiller ist verschwunden.
☒	☐	☐	Die Beamten halten den Gefängnisinsassen für Stiller.
☒	☐	☐	Der Gefängnisinsasse verlangt Whisky.
☐	☒	☐	Der Gefängnisinsasse ist der verschwundene Stiller.
☐	☐	☒	Der Insasse sitzt unschuldig in dem Gefängnis.
☒	☐	☐	Der Gefängnisinsasse ist nicht sicher, wer er ist.
☒	☐	☐	Die Beamten wollen ihn überreden, zuzugeben, daß er Stiller ist.
☐	☐	☒	Die Beamten wollen ihm keinen Whisky geben.

112

13

Auch meine Füße ertrugen die Hitze nicht länger, und ich lief, aber wohin? Allenthalben räuchelte es wie aus einer Herrengesellschaft, die Zigarren raucht, und ich sah, wie die Erde ringsum Risse bekam, ganz lautlose Risse, und aus diesen Rissen stank es nach Schwefel. Ich
5 lief irgendwohin, bis ich vor Keuchen nicht mehr konnte, und schaute zurück auf unsere Plantage, sah, wie es stieg, wie es sich wölbte, wie da ein Hügelchen wurde. Ein spannendes Schauspiel, doch Hitze und Rauch trieben mich weiter. Ich meldete es im Dorf. Die Weiber sammelten ihre Kinder und schluchzten; die Männer beschlossen, ein
10 Telegramm zu schicken an den Besitzer der Plantage, die sich in einen Vulkan verwandelte. Nach wenigen Tagen und Nächten, das Dorf lebte unter stetem Alarm, war es bereits ein nicht unbeträchtlicher Berg, umweht von gelblichen und grünlichen Schwaden. Das Dorf konnte weder arbeiten noch schlafen; die Sonne schien wie je, aber es roch
15 nach Schwefel, giftig und heiß, so daß man das Atmen lieber unterlassen hätte, und es schien der Mond aus einer wolkenlosen Nacht, aber es donnerte. Die kleine Kirche war überfüllt, die Glocken läuteten ohne Unterlaß, zeitweilig überdröhnt von dem berstenden Berg. Das Telegramm blieb ohne Antwort, und man mußte selber auf Rettung
20 sinnen. Lichterlohes Feuer schien in den Rauch, der den Mond verwölkte. Und dann kam die Lava, langsam, aber unaufhaltsam, in der Luft erkaltend und erstarrend, ein schwarzer Brei mit Wirbeln von weißlichem Dampf; nur in der Nacht sah man noch die innere Glut in diesem steinernen Brei, der näher und näher kam, haushoch, nä-
25 her und näher: zehn Meter im Tag. Vögel schwirrten wie irr, da sie ihr Nest nicht mehr fanden, und Wälder verschwanden unter dem glühenden Gestein.

MAX FRISCH
ebenda S. 37

Textarbeit

(1) Halten Sie in Stichworten die stufenweise Steigerung des Naturgeschehens fest.

(2) Halten Sie in Stichworten die stufenweise Steigerung des Verhaltens der Dorfbevölkerung fest.

(3) Versuchen Sie die Haltung des Berichterstatters zu beschreiben.

(4) Finden Sie im Text rechts eine Parallele zum Text links. Suchen Sie möglichst viele Punkte, in denen ein Bezug zwischen den beiden Texten besteht.

Redeübung

für die, die ein Naturereignis ähnlicher Art erlebt haben: Bitte erzählen Sie!

Gespräch

Gehen Sie nun von der Vulkan-Geschichte weg und diskutieren Sie ganz allgemein über die folgenden drei Fragen (jede Gruppe über alle Fragen, anschließend werden die Ergebnisse ausgetauscht):

a Nutzen und Schaden der Frömmigkeit

b Gründe, die zur Flucht berechtigen

c Risse im Leben – gibt es Möglichkeiten der Heilung?

Ihre Rolle, bitte

a) Sie weigern sich, zuzugeben, daß Sie Sie sind. Während alle anderen mit allen möglichen Gründen beweisen, daß Sie Sie sind, finden Sie Argumente dagegen.

b) Alle zweifeln daran, daß es Ihren Geburtsort gibt. Sie versuchen, die Existenz dieses Ortes zu beweisen.

c) Sie behaupten gegen alle Einwände der ganzen Klasse, daß Sie die Tochter / der Sohn des Papstes, des Teufels, des Mondes, des Regierungspräsidenten X, des Superstars Y, der _____ sind.

14. Kurs: „Die Wahrheit ist dem Menschen zumutbar"

Ingeborg Bachmann, geboren in Klagenfurt 1926, gestorben in Rom 1973, studierte Philosophie und Germanistik und verfaßte Arbeiten über Martin Heidegger und Ludwig Wittgenstein. Gedichtbände: 1953 *Die gestundete Zeit,* 1956 *Anrufung des Großen Bären.* Hörspiele: 1955 *Die Zikaden,* 1958 *Der gute Gott von Manhattan. – Undine geht* (Erzählung, 1961). – *Malina* (Roman, 1971). Joachim Kaiser über *Malina:* „... ein Liebesroman, der vollkommen verzichtet auf die winzigste erotische Gewagtheit ... In einer Sprache, die sich den direkten, großen Gefühlen zu stellen sucht. Ein aufregendes, schönes, antimodisches Buch." Gerhard Austin über *Undine geht:* „... eine erbarmungslose, doch gerechte Abrechnung mit dem einen geliebten Mann und gleichzeitig mit allen Männern. Ingeborg Bachmann spricht in der Rolle der Undine, der mythischen Wasserfrau, die sich einem Menschen vermählt ... Aus dem Abseits ihres Andersseins schaut sie auf Gelingen und Versagen menschlichen Lebens zurück ..."

Christa Wolf, geboren 1929 in Landsberg/Warthe (heute Gorzów Wielkopolski), lebt seit 1982 als freie Schriftstellerin in Ost-Berlin (DDR). 1968 *Nachdenken über Christa T.* 1972 *Kein Ort. Nirgends.* 1983 *Kassandra.* Diese reflektierendste unter den lebenden Autorinnen schreibt nichts, was nicht durch persönliche Erfahrung gedeckt ist. Ihr „subjektiv authentisches" Schreiben erreicht dennoch – oder gerade dadurch – einen hohen Grad an Objektivität in der Darstellung der politischen und gesellschaftlichen Realität. Neben dem Thema: die Frau und ihre „andere Wirklichkeit" beschäftigt sie vor allem die Ohnmacht des Einzelnen gegenüber den selbständig gewordenen Vernichtungsmechanismen der politischen Gegenwart: „Der eigentliche Grund, warum ich solch einen Stoff wie Kassandra nahm, war die Gefahr der möglichen Vernichtung und Selbstvernichtung unserer Kultur: wie kommen wir da heraus?" (1984). In dem Bewußtwerden und Bewußtmachen der Menschen sieht sie einen realen utopischen Weg: „Prosa kann die Grenzen unseres Wissens über uns selbst weiter hinausschieben. Sie hält die Erinnerung an eine Zukunft in uns wach, von der wir uns bei Strafe des Untergangs nicht lossagen dürfen ... Sie ist revolutionär und realistisch: Sie verführt und ermutigt zum Unmöglichen." (1968).

Nelly Sachs (1891–1970) konnte noch im Kriegsjahr 1940 durch Vermittlung von Selma Lagerlöf von Berlin nach Stockholm fliehen. 1961 *Fahrt ins Staublose* (enthält die Gedichte seit 1943). 1962 *Zeichen im Sand* (enthält szenische Dichtungen und Entwürfe seit 1943). „Während man in Deutschland darüber diskutierte, ob man nach Auschwitz überhaupt noch Gedichte schreiben könne und dürfe, entwarf Nelly Sachs im schwedischen Exil ihre gewaltigen, erschreckenden Bilder, die die Frage, ob möglich oder nicht, gar nicht erst aufkommen lassen . . . Der dunkle Ton des Todes und des Leidens konzentriert sich in den wiederkehrenden Bildern von Rauch, Staub und Sand . . . Leben muß nach der Erfahrung unterschiedsloser Vernichtung vorsichtig neu gelernt werden . . ." (G. Austin).

Rose Ausländer, geb. 1901 in Černovcy (Bukovina), überlebte den Zweiten Weltkrieg dort im Ghetto. Über Rose Ausländer spricht man in literarischen Kreisen überhaupt erst seit ihrem 75. Lebensjahr. Ihre Gedichte – durchsichtige, kristallene Gebilde – wirken auf den ersten Blick so einfach, scheinen so eindimensional, daß man sie einfach überlas. Ist inzwischen eine andere Form des Denkens entstanden, eine neue Empfänglichkeit für die Farben und Klänge, die Rose Ausländers Dichtungen enthalten? 1980 *Aschensommer.* 1980 *Einverständnis.* 1981 *Mein Atem heißt jetzt.* 1984 *Ich höre das Herz des Oleanders.* 1985 *Ich zähl die Sterne meiner Worte.* Porträt rechts

Noch bist du da

Wirf deine Angst
in die Luft

Bald
ist deine Zeit um
bald
wächst der Himmel
unter dem Gras
fallen deine Träume
ins Nirgends

Noch
duftet die Nelke
singt die Drossel
noch darfst du lieben
Worte verschenken
noch bist du da

Sei was du bist
Gib was du hast

ROSE AUSLÄNDER (1979)

Die Geretteten

Schwierigkeitsgrad C

Text

Chor der Geretteten

Wir Geretteten,
Aus deren hohlem Gebein der Tod schon seine Flöten schnitt,
An deren Sehnen der Tod schon seinen Bogen strich –
Unsere Leiber klagen noch nach
5 Mit ihrer verstümmelten Musik.
Wir Geretteten,
Immer noch hängen die Schlingen für unsere Hälse gedreht
Vor uns in der blauen Luft –
Immer noch füllen sich die Stundenuhren mit unserem tropfenden Blut.
10 Wir Geretteten,
Immer noch essen an uns die Würmer der Angst.
Unser Gestirn ist vergraben im Staub.
Wir Geretteten
Bitten euch:
15 Zeigt uns langsam eure Sonne.
Führt uns von Stern zu Stern im Schritt.
Laßt uns das Leben leise wieder lernen.
Es könnte sonst eines Vogels Lied,
Das Füllen des Eimers am Brunnen
20 Unseren schlecht versiegelten Schmerz aufbrechen lassen
Und uns wegschäumen –
Wir bitten euch:
Zeigt uns noch nicht einen beißenden Hund –
Es könnte sein, es könnte sein
25 Daß wir zu Staub zerfallen –
Vor euren Augen zerfallen in Staub.
Was hält denn unsere Webe zusammen?
Wir odemlos gewordene,
Deren Seele zu Ihm floh aus der Mitternacht
30 Lange bevor man unseren Leib rettete
In die Arche des Augenblicks.
Wir Geretteten,
Wir drücken eure Hand,
Wir erkennen euer Auge –
35 Aber zusammen hält uns nur noch der Abschied,
Der Abschied im Staub
Hält uns mit euch zusammen.   NELLY SACHS (1946)

Textarbeit

Nach dem Schrecken der Vernichtungslager war es ein außerordentliches Wagnis, in den Raum der Sprachlosigkeit und des allgemeinen Verdrängens Worte zu stellen, die sich mit diesem Schrecken auseinandersetzten. Die Gedichte von Nelly Sachs sind vor allem als ein Experiment zu lesen, als vorsichtiger Versuch, dem Schrecken ins Auge zu blicken. Das gibt ihnen ihr besonderes Gewicht.

(1) Das Gedicht deutet am Anfang konkret an, welche Musik zu ihm paßt. Beschreiben Sie sie.

(2) Der Schrecken ist zwar äußerlich verschwunden, aber er ist noch in den Menschen anwesend, nämlich in Gestalt
    des Mißtrauens
    des Wartens
    der Angst.
    Welche sprachlichen Bilder benutzt die Autorin, um das zu zeichnen?

(3) Auch zwischen den Worten der Hoffnung oder des Wunsches nach Hoffnung tauchen immer wieder die Erfahrungen des Schreckens auf. Nennen Sie sie und versuchen Sie sie zu definieren.

Gespräch

Bitte bilden Sie kleine Gruppen, jede Gruppe diskutiert über eine der folgenden Thesen. Ist die These richtig? falsch? teilweise richtig? Begründen Sie Ihre Stellungnahme, bringen Sie möglichst konkrete Beispiele.

(1) Trauern ist sinnlos, das Verlorene kehrt doch nicht wieder. Man muß alle Kraft darauf konzentrieren, die Gegenwart und Zukunft zu bestehen.

(2) Mangel an Trauer ist Mangel an Mut.

(3) Wer nicht trauern kann, ist ein oberflächlicher Zeitgenosse.

(4) Trauer ist ein Zeichen von Treue.

(5) Trauern ist Weichheit und Sentimentalität. In unserer Zeit werden kühle, klare Köpfe gebraucht.

(6) Wer nicht trauern kann, verdrängt den wichtigsten Teil seiner Seele.

Vorbereitung

Die zehn Jahre jüngere Jüdin Rose Ausländer hatte Folter, Zwangsarbeit und jahrelange Todesangst hinter sich, als sie nach dem Zweiten Weltkrieg begann, Vergangenheit und Gegenwart neu zu sehen. Lesen Sie das folgende Gedicht und versuchen Sie, die Unterschiede und Nuancen zwischen den Standorten der beiden Autorinnen zu nennen.

Text ∞

Wenn der Tisch nach Brot duftet
Erdbeeren der Wein Kristall

denk an den Raum aus Rauch
Rauch ohne Gestalt

Noch nicht abgestreift   5
das Ghettokleid

sitzen wir um den duftenden Tisch
verwundert
daß wir hier sitzen

ROSE AUSLÄNDER (1967)

Unterhaltung

(1) Durch einen glücklichen Zufall haben wir das Gedicht in Form einer Tonbandaufzeichnung, gesprochen von der Autorin. Sie können dieser Lesung genau entnehmen, welche Nuance sie mit dem Wort „verwundert'' treffen will. Können Sie das beschreiben?

(2) Das Gedicht nennt zwei Welten. Versuchen Sie diese beiden Welten ausführlich, mit mehreren Begriffen zu charakterisieren.

(3) Diese beiden Welten sind zutiefst voneinander verschieden. Der einzige Zusammenhang . . .

(4) Ist es Ihnen möglich, für die „Botschaft'' des Gedichts eine Formulierung zu finden?

(5) Welche Stimmung läßt das Gedicht im Leser zurück?

Bin unter Wasser

Schwierigkeitsgrad C

Frauen sind nur große Kinder.

LORD CHESTERFIELD

Nein, die Frau ist nicht unsere Schwester. In unserer Bequemlichkeit und Verderbtheit haben wir aus ihr ein besonderes, unbekanntes Wesen gemacht, das keine weitere Waffe als ihr Geschlecht besitzt.

JULES LAFORGUE

Die Überschrift „Bin unter Wasser" ist ein Zitat aus dem Text „Undine geht", aus dem auch der hier diskutierte Lesetext stammt.

Die ganze Erziehung der Frauen sollte auf die Männer hin ausgerichtet sein. Sie zu erfreuen, ihnen nützlich zu sein, sich durch sie beliebt und geehrt zu machen, sie in ihrer Jugend zu erziehen und wenn sie erwachsen sind für sie zu sorgen . . . das sind die Pflichten der Frau zu allen Zeiten.

ROUSSEAU

Gedankenspiele

Aus welchen Jahrhunderten stammen das Photo und die Zitate? Was hat sich seitdem für die Frauen – und für die Männer – geändert? Fallen Ihnen dazu bestimmte Schlagworte ein?
Wären Sie lieber als Frau oder als Mann auf die Welt gekommen? Warum?

Werkstatt

Sammeln Sie Frauenbilder – indem Sie in Zeitschriften und Büchern blättern und indem Sie sich selbst Gedanken machen (Dazu eine kleine Hilfe: Wie der Mann gleichzeitig Ehemann, Vater, Geschäftsmann, Kegelbruder und vieles mehr sein kann, übernimmmt auch die Frau viele Aufgaben, Rollen, Positionen gleichzeitig, und zwar: . . . – tragen Sie Ihre Einfälle zusammen!).

Das richtige Wort

1) Welche Adjektive hängen mit den folgenden Nomen zusammen?
Ungeheuer – Aufrichtigkeit – Hochmut – Mut – Eifersucht – Verrat – Gleichberechtigung – Streit – Zusammenarbeit – Unterordnung

2) In welchen Zusammenhängen kann man die folgenden Wörter benutzen? Sammeln Sie Beispiele.
Ordnung – Chaos – Regel – System – Gefahr – Schutz – Hilfe – Glauben – Verführung

Gespräch

Die Sage von Undine: Undine war eine Wasserfrau, die so schön und verführerisch war, daß sich ein Mensch in sie verliebte und sie heiratete. Durch seine Liebe erhielt sie eine menschliche Seele und wurde ihm eine liebende Ehefrau. Da der Mann ihr jedoch untreu wurde, mußte sie ihn verlassen und ins Wasser zurückkehren. Manche sagen, daß ihr untreuer Geliebter starb, manche hören sie nur im Wasser klagen . . .

● Vergleichen Sie die beiden Bilder miteinander. Welchen Eindruck wollen sie vermitteln?
● Gibt es in Ihrem Land auch Sagen von „Wasserfrauen"? Erzählen Sie deren Schicksal. Welche Beziehungen gibt es zwischen ihnen und den Menschen?

Das richtige Wort

Bilden Sie *Redensarten*. Ergänzen Sie die Wörter hart – schwer – leicht – veränderlich – weich – willenlos – starr – trocken – naß

_____	vor Kälte
_____	wie Stahl
_____	wie Blei
_____	wie das Wetter
_____	wie eine Puppe
_____	wie Butter
stroh _____	
pudel _____	
etwas _____	nehmen

Text 👓

Ihr Menschen! Ihr Ungeheuer!

Ihr Ungeheuer mit Namen Hans! Mit diesem Namen, den ich nie vergessen kann.
Immer wenn ich durch die Lichtung kam und die
5 Zweige sich öffneten, wenn die Ruten mir das Wasser von den Armen schlugen, die Blätter mir die Tropfen von den Haaren leckten, traf ich auf einen, der Hans hieß.
Ihr Ungeheuer mit euren Frauen!
10 Hast du nicht gesagt: Es ist die Hölle, und warum ich bei ihr bleibe, das wird keiner verstehen. Hast du nicht gesagt: Meine Frau, ja, sie ist ein wunderbarer Mensch, ja, sie braucht mich, wüßte nicht, wie ohne mich leben –? Hast du's nicht gesagt! Und

hast du nicht gelacht und im Übermut gesagt: Nie- 15
mals schwer nehmen, nie dergleichen schwer nehmen. Hast du nicht gesagt: So soll es immer sein, und das andere soll nicht sein, ist ohne Gültigkeit! Ihr Ungeheuer mit euren Redensarten, die ihr die Redensarten der Frauen sucht, damit euch nichts 20 fehlt, damit die Welt rund ist. Die ihr die Frauen zu euren Geliebten und Frauen macht, Eintagsfrauen, Wochenendfrauen, Lebenslangfrauen und euch zu ihren Männern machen laßt. (Das ist vielleicht ein großes Erwachen wert!) Ihr mit eurer Eifersucht auf 25 eure Frauen, mit eurer hochmütigen Nachsicht und eurer Tyrannei, eurem Schutzsuchen bei euren Frauen, ihr mit eurem Wirtschaftsgeld und euren gemeinsamen Gutenachtgesprächen, diesen Stärkungen, dem Rechtbehalten gegen draußen, 30 ihr mit euren hilflos gekonnten, hilflos zerstreuten Umarmungen. Das hat mich zum Staunen gebracht, daß ihr euren Frauen Geld gebt zum Einkaufen und für die Kleider und die Sommerreise, da ladet ihr sie ein (ladet sie ein, zahlt, es versteht 35 sich). Ihr kauft und laßt euch kaufen. Über euch muß ich lachen und staunen, Hans, über euch kleine Studenten und brave Arbeiter, die ihr euch Frauen nehmt zum Mitarbeiten, da arbeitet ihr beide, jeder wird klüger an einer anderen Fakultät, jeder 40 kommt fort in einer anderen Fabrik, da strengt ihr euch an, legt das Geld zusammen und spannt euch vor die Zukunft. Ja, dazu nehmt ihr euch die Frauen auch, damit ihr die Zukunft erhärtet, damit sie Kinder kriegen, da werdet ihr mild, wenn sie furchtsam 45 und glücklich herumgehen mit den Kindern in ihren Leibern. Oder ihr verbietet euren Frauen, Kinder zu haben, wollt ungestört sein und hastet ins Alter mit eurer gesparten Jugend. O das wäre ein großes Erwachen wert! Ihr Betrüger und ihr Be- 50 trogenen. Versucht das nicht mit mir. Mit mir nicht!
Verräter! Wenn euch nichts mehr half, dann half

Auf der Cassette hören Sie Ingeborg Bachmann. Unser Text folgt der gesprochenen, nicht der gedruckten Version.

die Schmähung. Dann wußtet ihr plötzlich, was
55 euch an mir verdächtig war, Wasser und Schleier
und was sich nicht festlegen läßt. Dann war ich
plötzlich eine Gefahr, die ihr noch rechtzeitig er-
kanntet, und verwünscht war ich und bereut war
alles im Handumdrehen. Bereut habt ihr auf den
60 Kirchenbänken, vor euren Frauen, euren Kindern,
eurer Öffentlichkeit. Vor euren großen großen In-
stanzen wart ihr so tapfer, mich zu bereuen und all
das zu befestigen, was in euch unsicher geworden
war. Ihr wart in Sicherheit. Ihr habt die Altäre rasch
65 aufgerichtet und mich zum Opfer gebracht. Hat
mein Blut geschmeckt? Hat es ein wenig nach dem
Blut der Hindin geschmeckt und nach dem Blut des
weißen Wals? Nach deren Sprachlosigkeit?
Wohl euch! Ihr werdet viel geliebt, und es wird
70 euch viel verziehen. Doch vergeßt nicht, daß ihr
mich gerufen habt in die Welt, daß euch geträumt
hat von mir, der anderen, dem anderen, von eurem
Geist und nicht von eurer Gestalt, der Unbekann-
ten, die auf euren Hochzeiten den Klageruf an-
75 stimmt . . .

INGEBORG BACHMANN (1961)

Aus dem Text *Undine geht.*

Textarbeit

Versuchen Sie, folgende Sätze aus dem Text zu erklären:
es ist die Hölle
ihr Ungeheuer mit euren Redensarten
Eintagsfrauen, Wochenendfrauen, Lebenslangfrauen
hochmütige Nachsicht
ihr Betrüger und ihr Betrogenen
und mich zum Opfer gebracht

Textarbeit

1) Wer spricht hier – und zu wem? Was für eine Geschichte hat sich da ereignet? Versuchen Sie sie –
so genau wie möglich – zu rekonstruieren.

2) Wie wird hier das Verhältnis zwischen Männern
und Frauen geschildert? Welche Eigenschaften
und Bedürfnisse haben die Männer? Wie werden
die Frauen dargestellt? Wird über ihre Bedürfnisse
überhaupt gesprochen? Wer ist hier stark – und wer
ist schwach?

3) „Wasser hat keine Balken'' – was bedeutet dieses
Sprichwort? Was für Assoziationen und Stimmungen verbinden Sie mit Wasser – in seinen verschiedenen Erscheinungsformen auf der Erde und in der
Luft?

4) Suchen Sie aus dem Text alle Ausdrücke heraus, die
   a) mit Festem, Sicherem, Bekanntem und
   b) mit Fließendem, Unsicherem, Unbekanntem zu
      tun haben.
Welche zwei Bereiche werden damit charakterisiert? Auf wen treffen sie zu?

5) Was passiert, wenn diese zwei Welten aufeinander-
treffen – und wie kommt es überhaupt dazu? Anders gesagt: Warum sind die Männer von Undine
zuerst angezogen und haben dann nicht den Mut,
sich zu ihr zu bekennen?

Gespräch

1) Können Sie dem Bild, welches hier von Männern
und Frauen gezeichnet wird, zustimmen – oder vielleicht nur einzelnen Teilen daraus?

2) Was macht eine „Minorität'' aus – die *Zahl* oder die
Macht? Könnte man die Frauen als Minorität bezeichnen – und warum sind sie so machtlos geworden?

3) Wofür steht „Undine''? Glauben Sie, daß nur die
Männer Sehnsucht nach diesem Bereich haben?

4) Die „Sprachlosigkeit'' der Undine steht im Gegensatz – wozu? Heißt das, daß alle menschlichen Ge-
spräche „schlecht'' sind? Sicher nicht (bestimmt
nicht das, was gerade zwischen Ihnen im Gange
ist!). Also was ist damit gemeint?

Töten – Sterben – Leben

Schwierigkeitsgrad C

> Vergessen wir nie, wir sind die Erben von Siegern im Kampf ums Dasein. Wir haben das Verhalten der Sieger, ihre unbewußte Grausamkeit geerbt.
> CARL FRIEDRICH VON WEIZSÄCKER

> Ist nicht schon die Menschwerdung untrennbar mit dem Konflikt verbunden? Unsere Realität scheint diese Annahme zu bestätigen, doch archäologisch spricht nichts dafür, daß Rivalität, Konflikt und Krieg die entscheidenden Selektionsfaktoren für die Menschwerdung gewesen sind . . .
> JOST HERBIG

> Nehmen wir an, ein objektivierender Verhaltensforscher säße auf einem anderen Planeten, etwa dem Mars, und untersuche das soziale Verhalten des Menschen mit Hilfe eines Fernrohrs . . . Er würde nie auf den Gedanken kommen, daß das menschliche Verhalten von Vernunft oder gar von verantwortlicher Moral gesteuert sei.
> KONRAD LORENZ

> Wenn du den Frieden willst, bereite den Krieg vor.
> LATEINISCHES SPRICHWORT

> Ein Kampf ums Dasein tritt unvermeidlich ein infolge des starken Verhältnisses, in welchem alle Organismen sich zu vermehren streben.
> CHARLES DARWIN

Gedankenspiele

1) Beschreiben Sie, was Ihnen zu den auf der linken Seite abgebildeten Personen einfällt. In welchen Situationen befinden sie sich wohl? Können Sie sich denken, was sie dabei empfinden?

2) Was verbirgt sich wohl hinter der Rüstung hier rechts, und woran erinnert Sie der „Gesichtsausdruck"?

3) Sehen Sie sich die Zitate Seite 122 genau an. Gibt es Unterschiede oder Gemeinsamkeiten? Und welcher dieser Ansichten würden Sie sich anschließen?

4) Was wird über „den Menschen" ausgesagt – und was über „Krieg"?

Das richtige Wort

1) Kennen Sie das Gegenteil zu folgenden Ausdrücken?
Angst – Sieg – Anderssein – Macht – Sklave – aufrichtig – Kampf – Niedergang – lähmen – Liebe

2) Sie finden rechts die Erklärung der Ausdrücke links. Bitte stellen Sie die richtigen Zusammenhänge her.

auf seine Kosten kommen	handlungsunfähig machen
sich panzern	(zum Kampf) reizen
aufstacheln	von etwas profitieren
mit einer Waffe kämpfen	eine Lanze führen
in Schach halten	sich gegen etwas schützen

14

Der „Trojanische Krieg" ist eine der ältesten Mythen des antiken Griechenland: Im 12. Jahrhundert v. Chr. wurde Troja* zehn Jahre lang von einem griechischen Heer belagert, weil Paris, der Sohn des trojanischen Königs Priamos und dessen Gemahlin Hekabe, die griechische Fürstin Helena geraubt hatte. Im Kampf kamen den Trojanern mehrere Verbündete zu Hilfe, so z. B. das Heer der Amazonen** unter der Führung Penthesileas. Dennoch wurde die Stadt schließlich besiegt und völlig zerstört. Kassandra war die Schwester des Paris und Priesterin und Seherin am trojanischen Hof. Der Gott Apoll hatte ihr die Gabe der Weissagung verliehen, aber nicht die Kraft der Überzeugung, da Kassandra ihn nicht lieben wollte. Sie warnte ständig vor dem Krieg und sah den Untergang Trojas und ihr eigenes Schicksal voraus: ihre Verschleppung durch den griechischen Heerführer und ihren Tod.

* Troja lag auf dem Gebiet der heutigen Türkei
** Ein kriegerisches Frauenvolk in Kleinasien

Text

Ungebeten deutete ich dem König einen Traum, den er bei der Tafel erzählt hatte: Zwei Drachen, die miteinander kämpften; der eine trug einen goldgehämmerten Brustpanzer, der andre führte eine scharf geschliffene Lanze. Der eine also unverletz- 5 lich und unbewaffnet, der andre bewaffnet und haßerfüllt, jedoch verletzlich. Sie kämpften ewig. Du liegst, sagte ich dem Vater, mit dir selbst im Widerstreit. Hältst dich selbst in Schach. Lähmst dich. Wovon redest du, Priesterin, erwiderte Priamos 10 förmlich. Längst hat mir Panthoos den Traum gedeutet: Der goldgepanzerte Drache bin natürlich ich, der König. Bewaffnen muß ich mich, um meinen tückischen und schwerbewaffneten Feind zu überwältigen. Den Waffenschmieden hab ich 15 schon befohlen, ihre Produktion zu steigern. Panthoos! rief ich im Tempel. Und? sagte der. Es sind doch alles Bestien, Kassandra. Halb Bestien, halb Kinder. Sie werden ihren Begierden folgen.

Ich sage ihnen: Wenn ihr aufhörn könnt zu siegen, 20 wird diese eure Stadt bestehn.
Gestatte eine Frage, Seherin – (Der Wagenlenker.) – Frag. – Du glaubst nicht dran. – Woran. – Daß wir zu siegen aufhörn können. – Ich weiß von keinem Sieger, der es konnte. – So ist, wenn Sieg auf Sieg am 25 Ende Untergang bedeutet, der Untergang in unsere Natur gelegt.
Die Frage aller Fragen. Was für ein kluger Mann. Komm näher, Wagenlenker. Hör zu. Ich glaube, daß wir unsere Natur nicht kennen. Daß ich nicht 30 alles weiß. So mag es, in der Zukunft, Menschen geben, die ihren Sieg in Leben umzuwandeln wissen. In der Zukunft, Seherin. Ich frage nach Mykenae. Nach mir und meinen Kindern.

Die bewohnte Welt, soweit sie uns bekannt war, 35 hatte sich immer grausamer, immer schneller gegen uns gekehrt. Gegen uns Frauen, sagte Penthesilea. Gegen uns Menschen, hielt Arisbe ihr entgegen.

124

40 Penthesilea: Die Männer kommen schon auf ihre
Kosten.
Arisbe: Du nennst ihren Niedergang zu Schläch-
tern auf ihre Kosten kommen?
Penthesilea: Sie sind Schlächter. So tun sie, was ih-
45 nen Spaß macht.
Arisbe: Und wir? Wenn wir auch Schlächterinnen
würden?
Penthesilea: So tun wir, was wir müssen. Doch es
macht uns keinen Spaß.
50 Arisbe: Wir sollen tun, was sie tun, um unser Anderssein zu zeigen!
Penthesilea: Ja.
Oinone: Aber so kann man nicht leben.
Penthesilea: Nicht leben? Sterben schon.
55 Hekabe: Kind. Du willst, daß alles aufhört.
Penthesilea: Das will ich. Da ich kein andres Mittel
kenne, daß die Männer aufhörn.
Da kam die junge Sklavin aus dem Griechenlager
zu ihr herüber, kniete vor ihr hin und legte Penthe-
60 sileas Hände an ihr Gesicht. Sie sagte: Penthesilea.
Komm zu uns. – Zu euch? Was heißt das. – Ins Ge-
birge. In den Wald. In die Höhlen am Skamander.
Zwischen Töten und Sterben ist ein Drittes: Leben.

CHRISTA WOLF (1983)
Ausschnitte aus dem Roman *Kassandra*.
Darmstadt: Luchterhand 1983. S. 76. 132–134

bei der Tafel:	bei Tisch
die Lanze:	eine Waffe
Panthoos:	ein Priester
Arisbe, Oinone:	Troerinnen
der Skamander:	ein Fluß in der Nähe Trojas

Textarbeit

1) Welche der Personen im Text sind für den Krieg, welche dagegen – und aus welchen Gründen?

2) Kann der „Drachentraum" hier vielleicht helfen? Warum glaubt Priamos dem Priester Panthoos mehr als seiner Tochter Kassandra?

3) Kassandra macht mehrere zentrale Aussagen über den Krieg – was sagt sie dabei über die Natur des Menschen?

4) Wie unterscheiden sich die Ansichten der Frauen untereinander und von denen der Männer? Finden Sie auch, daß Männer und Frauen s o über den Krieg denken?

5) Was meint Kassandra mit dem – scheinbar paradoxen – Gedanken „Sieg bedeutet am Ende Untergang"? Gibt es denn etwas anderes als Siegen oder Verlieren?

6) Hier werden ein paar Möglichkeiten angedeutet, wie sich Frauen in einer Welt des Krieges behaupten. Was meinen Sie dazu?

7) Was für eine Gemeinschaft in den Höhlen könnte die junge Sklavin aus dem Griechenlager wohl meinen? Gibt es noch mehr Stellen im Text, die die Alternative „Leben" ausmalen?

Unterhaltung

1) Warnungen, die nicht beachtet werden, heißen noch heute „Kassandrarufe". Können Sie sich vorstellen, daß Kassandra heute noch vorkommt? Nennen Sie Beispiele aus Ihrer eigenen Erfahrung.

2) Warum nahm Christa Wolf wohl ihr Motiv aus einer Kultur, die 3000 Jahre zurückliegt?

3) Meinen Sie auch, daß der „Kampf ums Dasein" in der menschlichen Natur verwurzelt ist? Wie sieht unter solchen Voraussetzungen die Zukunft des Menschen aus?

4) Was halten Sie vom Krieg als einer Form der Verteidigung?
Halten Sie es für richtig, daß immer mehr Frauen in den verschiedensten Ländern zur Armee gehen?

5) Wie könnte die im Text angesprochene Alternative „Leben" wohl im Alltag verwirklicht werden?

Quellennachweis

S. 3 Franz Josef Bogner: Die Maus mit dem Sparbuch. Fabeln. Bern: Zytglogge 1972

S. 4 Wolfdietrich Schnurre: Protest im Parterre. München: Langen-Müller 1957, S. 55

S. 53 Kurt Tucholsky: Die fünfte Jahreszeit (1929). In: Zwischen Gestern und Morgen. Reinbek: Rowohlt 1952. S. 210 f.

S. 53 Bertolt Brecht: Kalifornischer Herbst. In: Gesammelte Werke. Frankfurt: Suhrkamp 1967. Band 10, S. 935 f.

S. 55 Rainer Maria Rilke: Die Aufzeichnungen des Malte Laurids Brigge. In: Werke. Frankfurt: Insel 1980. Band 5, S. 176

S. 56 Hugo von Hofmannsthal: Manche freilich . . . (In jeder Ausgabe vorhanden) Frankfurt: S. Fischer

S. 57 Rainer Maria Rilke: Da rinnt der Schule lange Angst . . . Ebd. Band 1, S. 140

S. 59/60 Hermann Hesse: Kurzgefaßter Lebenslauf. In: Gesammelte Werke. Frankfurt: Suhrkamp 1970. Band 6, S. 410 f.

S. 62 Hermann Hesse: Singapore-Traum. Ebd. S. 241 ff. Vorsichtig gekürzt.

S. 65/66 Franz Kafka: Der Prozeß. Frankfurt: S. Fischer 1961. S. 135 f.

S. 69 Joseph Roth: Radetzkymarsch. In: Romane und Erzählungen. Köln: Kiepenheuer & Witsch. Band 2

S. 70 Thomas Mann: Bekenntnisse des Hochstaplers Felix Krull. Frankfurt: S. Fischer. S. 215 f.

S. 72/73 Karl Kraus: Interview mit einem sterbenden Kind. Die Fackel 347–48. S. 55 f. (1912)

S. 73/74 Kurt Tucholsky: Der Mensch. In: Zwischen Gestern und Morgen. Reinbek: Rowohlt 1952. S. 149 ff.

S. 77 Joachim Ringelnatz: Schenken. In: Gedichte Gedichte. Berlin: Rowohlt 1934. S. 48 f.

S. 77 Bertolt Brecht: Me-ti. In: Gesammelte Werke. Frankfurt: Suhrkamp 1967. Band 12, S. 521

S. 78: Bertolt Brecht: Der gute Mensch von Sezuan. Ebd. Band 4, S. 1501 f.

S. 80 Bertolt Brecht: Der Schneider von Ulm. Ebd. Band 9. S. 645 f.

S. 81–83 Frederic Hetmann (Hg.): Die fliegenden Afrikaner. In: Wer bekommt das Opposum? Weinheim, Basel: Beltz 1981. S. 55 f

S. 84/85 Ödön von Horváth: Geschichten aus dem Wiener Wald. In: Gesammelte Werke. Frankfurt: Suhrkamp. Band 1, S. 195–198 u. S. 250 f.

S. 86 Ödön von Horváth: Geschichte einer kleinen Liebe. Ebd. Band 5, S. 96 f.

S. 91 Wolf Biermann: Soldat Soldat . . . In: Mit Marx- und Engelszungen. Berlin: Wagenbach 1968. S. 36

S. 92 Wolfgang Borchert: Lesebuchgeschichten. In: Das Gesamtwerk. Reinbek: Rowohlt 1979. S. 316 f.

S. 97/98 Günter Grass: Der Butt. Darmstadt: Luchterhand 1977. S. 442 f.

S. 99 Wolf Biermann: Ach Freund . . . In: Mit Marx- und Engelszungen. Berlin: Wagenbach 1968. S. 9

S. 100 Hans Magnus Enzensberger: ins lesebuch für die oberstufe. In: verteidigung der wölfe. Frankfurt: Suhrkamp 1957. S. 85

S. 102 Interview mit Günter Grass. In: Text + Kritik 1/1a (Juni 1978), Seite 1 ff. (Das Interview fand am 14. 9. 1977 statt.)

S. 103 Heinrich Böll: Gruppenbild mit Dame. Köln: Kiepenheuer und Witsch 1971. Hier zitiert nach der Taschenbuchausgabe München: dtv 1974. S. 317

S. 105 Peter Hacks: Der Frieden. In: Zwei Bearbeitungen. Frankfurt: Suhrkamp 1963. S. 68

S. 106 Max Frisch: Friedenspreisrede anläßlich der Verleihung in Frankfurt 1976. (Unser Text folgt der Rede, nicht der gedruckten Version.)

S. 106–108 Peter Hacks: Der Schuhu und die fliegende Prinzessin. Zitiert nach: Märchen deutscher Dichter. Ausgewählt v. Elisabeth Borchers. Frankfurt: Suhrkamp 1972. S. 270 f.

S. 109 Wolf Biermann: Ermutigung. In: Mit Marx- und Engelszungen. Berlin: Wagenbach 1968. S. 61

S. 111 Peter Handke: Kindergeschichte. Frankfurt: Suhrkamp 1981. S. 25

S. 112/113 Max Frisch: Stiller. Frankfurt: Fischer 1965. S. 9. 37. 152

S. 115 Rose Ausländer: Noch bist du da. In: Ich höre das Herz des Oleanders. Frankfurt: Fischer 1984. S. 84

S. 116 Nelly Sachs: Die Geretteten. In: Fahrt ins Staublose. Frankfurt: Suhrkamp 1961. S. 50 f.

S. 117 Rose Ausländer: Wenn der Tisch nach Brot duftet. In: Hügel aus Äther unwiderruflich. Frankfurt: Fischer 1984. S. 43

S. 120/121 Ingeborg Bachmann: Undine geht. In: Sämtliche Erzählungen. München: Piper. S. 253, 255 u. S. 259 f.

S. 124/125 Christa Wolf: Kassandra. Darmstadt: Luchterhand 1983. S. 76 u. S. 132–134

Register der Schriftsteller

Rose Ausländer   115. 117
Ingeborg Bachmann   114. 118–121
Wolf Biermann   91. 99. 108–109
Franz Josef Bogner   3
Heinrich Böll   90. 103–104
Wolfgang Borchert   89. 91–92
Bertolt Brecht   53, 76–83
Georg Büchner   38–40
Chief Seattle   104
Heinrich Clauren   46–49
Joseph von Eichendorff   20. 27–33
Hans Magnus Enzensberger   99–102
Heinz Ewers   46–49
Johann Gottlieb Fichte   1
Theodor Fontane   45. 49–50
Max Frisch   106. 110. 112–113
Johann Wolfgang von Goethe   6. 8–9
Jeremias Gotthelf   44–46
Günter Grass   90. 93–98. 102–103
Karoline von Günderrode   19. 24–26
Peter Hacks   99. 105–108
Peter Handke   110–111
Georg Wilhelm Friedrich Hegel   6. 7
Heinrich Heine   11. 12. 38. 40–43. 57–59
Hermann Hesse   52. 59–63
Hugo von Hofmannsthal   52. 55–56
Friedrich Hölderlin   7. 53. 105
Odön von Horváth   76. 84–88

Franz Kafka   64–67
Immanuel Kant   1
Gottfried Keller   44. 46–49
Martin Luther King   13
Heinrich von Kleist   7. 15–18
Karl Kraus   71–73
Gotthold Ephraim Lessing   1–5
Thomas Mann   64. 70
Märchen:
Amerikanisches Sklavenmärchen   81–83
Deutsches Volksmärchen   93–98
Eduard Mörike   20. 34–35
Johann Nepomuk Nestroy   36–37
Friedrich Nietzsche   51–54
Novalis   19. 21–23
Ferdinand Raimund   36
Rainer Maria Rilke   51. 55–59
Joachim Ringelnatz   77
Joseph Roth   64. 68–69
Nelly Sachs   115–117
Friedrich Schiller   6. 10–14
Wolfdietrich Schnurre   4
Adalbert Stifter   31–33. 44
Kurt Tucholsky   53. 71. 73–75
Georg Weerth   38. 42–43
Johann Joachim Winckelmann   6
Christa Wolf   26. 114. 122–125

Bildnachweis

Dino Battaglia: 17; Ossi Baumeister/Agentur Anne Hamann: 55 (1); Aus: Wolf Biermann: Mit Marx- und Engelszungen. Berlin: Wagenbach 1968: 61; Bildarchiv Preussischer Kulturbesitz: 1 (1)

François Bourgeon: 15; Deutsches Literaturarchiv Marbach: 52 (2); Georg Dietrich: 13; dpa Bildarchiv: 115 (1); Karlheinz Egginger: 59 (1); Horst Faas: 122; Michael Friedl: 122; Ulrich Häussermann: 59 (1), 111; Heinrich-Heine-Institut: 115 (1); Aus: Japanische Kunst. London: Spring Books: 123; Keystone-Pressedienst: 90 (1); Brigitte Kleinehanding: 65; Wolfgang Kudrnofsky: 114 (1); Roger Melis: 99 (1); Stefan Moses: 114 (1); Isolde Ohlbaum: 99 (2), 110; Aus: Peter Rühmkorf: Wolfgang Borchert. Reinbek: Rowohlt 1961: 53; Werner Schloske: 76 (1); Time-Life Books B.V. 1977: ''Amsterdam'' from the Great Cities series Tucholsky-Archiv: 71 (1); Ullstein Bilderdienst: 51 (1)

Themen: Soziales Bewusstsein   S. 55/6
          Satirische Texte (...)   S. 72/5
          Kritische   ~   (Journalisten
          Sozialkrit. Drama   S. 84/5

          Frauen in der Lit.
            Kurs 14. : N. Sachs
                       Ch. Wolff
               Krieg, NS-Zeit